LA JEUNESSE DU ROI HENRI

LES
GALANTERIES
DE
NANCY LA BELLE

LA JEUNESSE DU ROI HENRI

LES
GALANTERIES
DE
NANCY LA BELLE

PAR

PONSON DU TERRAIL

TROISIÈME ÉDITION

PARIS

E. DENTU, ÉDITEUR

LIBRAIRIE DE LA SOCIÉTÉ DES GENS DE LETTRES

PALAIS-ROYAL, 17 ET 19, GALERIE D'ORLÉANS

—

1866

Tous droits réservés.

LES GALANTERIES
DE
NANCY LA BELLE

I

La terreur de Noë fut grande lorsqu'il vit entrer Nancy.

Henri lui-même était si fort occupé en ce moment auprès de la belle argentière qu'un léger incarnat colora ses joues et monta à son front.

Seule, Sarah demeura impassible. Savait-elle l'amour de Marguerite pour le sire de Coarasse, bien que Henri eût toujours eu soin de le lui dissimuler, ou bien avait-elle tout deviné instantanément ?

Ce serait assez difficile à dire, mais toujours est-il qu'elle ne rougît ni ne pâlit et continua à tenir dans sa main une des mains du jeune prince, sans que le sourire de ses lèvres s'effaçât, sans qu'un seul muscle de son beau visage tressaillit.

Le calme de l'argentière rendit aussitôt à Henri tout son sang-froid.

— Bonjour, ma petite Nancy, dit-il.

— Bonjour, monsieur de Coarasse.

— Regarde ce jeune homme.

Et, clignant l'œil, Henri désignait Sarah.

Nancy arqua ses lèvres roses en un sourire mutin:

— Ce jeune homme est une femme, monsieur de Coarasse, dit-elle.

— Ah! tu t'y connais.

— Un peu, fit modestement la camérière de Marguerite.

— Et sais-tu quelle peut être... cette femme, ma petite?

En parlant ainsi, le prince regardait l'argentière.

— Peuh! dit Nancy, une femme qui vous aime, sans doute.

Sarah eut l'héroïsme de sourire au lieu de rougir.

— Et que... vous aimez... peut-être?... ajouta Nancy, qui menaça le prince de son doigt.

— Mademoiselle se trompe, dit froidement l'argentière.

— Bon ! fit à son tour le prince, ne vas-tu pas être jalouse, Nancy ma mignonne ?

— Oh ! répondit Nancy, ce ne serait point pour mon compte, en tous les cas, monsieur de Coarasse.

Le sang-froid railleur de Nancy mettait Henri mal à l'aise.

Cependant il reprit :

— Comment ! ma petite, toi la fine mouche, la futée camérière, le page femelle qui sait tout et voit tout... tu n'as pas deviné ?

— Je devine que madame se nomme Sarah Loriot.

— Ah ! ah !

— Qu'elle est comme vous une victime de René... et que madame Marguerite, acheva gravement Nancy, a fort bien fait de prendre ses précautions.

— Que veux-tu dire ?

— Dans cette maison, bien que le maître vous soit dévoué, bien qu'on vous y ait transporté la nuit, vous n'étiez en sûreté qu'à moitié.

— Il est certain, ma pauvre Nancy, murmura piteusement le prince de Navarre, il est certain qu'en ce moment un enfant aurait raison de moi.

— Or, continua la camérière, qui se piquait de logique, René a le flair d'un vieux chien de chasse. Vous étiez seul ici et il aurait fini par vous y dénicher ; maintenant que vous êtes avec madame, ce sera bien plus tôt fait. Deux perdreaux ont toujours plus de fumet qu'un seul.

— C'est vrai, cela.

— Aussi, dit Sarah qui se leva vivement, aussi vais-je me retirer.

— C'est inutile, madame.

— Pourquoi ?

— Parce que madame Marguerite, qui s'intéresse quelque peu à M. de Coarasse, lui a trouvé un autre logis.

— Ah ! fit Henri.

— Un logis plus agréable...

— Oh ! oh !

— Et plus sûr.

— Où est-il situé ? demanda le prince en regardant Nancy.

— Au bord de la Seine.

— En amont ou en aval ?

— C'est une assez belle maison qu'on appelle le Louvre.

Noë qui, tout en causant avec Myette, n'avait perdu ni un mot ni un geste de cette scène, Noë laissa échapper une exclamation de surprise.

En même temps une légère pâleur se répandit sur le visage de la belle argentière.

Sarah songeait :

— S'il va au Louvre, je ne le verrai plus, mon Dieu !

— Tu es folle ! disait en même temps le prince.

— Mais non, monsieur de Coarasse.

— Comment ! madame Marguerite me veut faire transporter au Louvre ?

— Oui.

— Alors madame Catherine est morte... et René s'est noyé...

— René ne boite presque plus, bien que maître Caboche ait serré fortement le brodequin, et quant à la reine-mère, elle se porte comme un charme, à telle enseigne qu'elle vient de partir pour Saint-Germain.

— Avec qui ?

— Avec le roi, qui chasse ce matin.

Henri crut que Nancy et Marguerite s'étaient concertées pour le cacher, soit dans la chambre de l'une soit dans l'oratoire de l'autre.

Nancy, d'un mot, détruisit cette supposition.

— C'est le roi qui s'est chargé de vous loger, dit-elle.

— Le roi !

— Mon Dieu, oui !... et son médecin, vous savez, le bon Miron, le frère du prévôt des marchands, vous pansera.

— Je rêve... murmura Henri. Le roi sait donc!...

— Le roi sait tout. Madame Marguerite est allée se jeter à ses genoux.

— Quand?

— Ce matin.

La pâleur de l'argentière augmenta.

— Elle lui a tout dit, continua la camérière, c'est-à-dire la trame de René, le courroux de la reine et le péril extrême où vous vous trouveriez, votre blessure une fois guérie...

— Marguerite est un ange! s'écria le prince assez étourdiment et sans trop songer que cette autre femme assise au pied de son lit l'aimait aussi, et plus ardemment peut-être que Marguerite.

— Bon! pensa Nancy, qui remarqua la pâleur de l'argentière, j'avais touché juste... elle l'aime!... Pauvre Marguerite!...

— Ainsi, reprit Henri, le roi devient mon protecteur?

— Envers et contre tous.

— Hum!

Le prince eut un sourire sceptique dont Nancy se trouva blessée.

— Est-ce que vous ne croyez pas à la protection du roi? demanda-t-elle.

— Mais si...

— Vous dites cela singulièrement.

— Ah ! c'est que...

Henri s'arrêta.

— Voyons ! fit Nancy d'un ton piqué.

— Je suis un petit gentillâtre qu'on nomme le sire de Coarasse.

— Eh bien ?

— Et M. le duc de Crillon était un de ces grands seigneurs avec lesquels la monarchie a toujours compté.

— Après ! fit Nancy.

— M. de Crillon était l'ami du roi. Il a failli faire rouer René... Le roi ne jurait que par lui... et cependant...

Nancy vit venir la botte secrète et prépara sa riposte.

— Cependant, acheva le prince, madame Catherine a demandé son exil et l'a obtenu.

— Bah ! murmura Nancy, c'est un cancan du Louvre, ce que vous me racontez là...

— Je le tiens de Pibrac.

— M. de Crillon s'est retiré dans ses terres, voilà tout.

— Eh bien ! fit le prince et riant, savez-vous ce qu'il m'adviendra, à moi qui n'ai pas de terres ?

— Voyons !

— On m'enverra en Grève...

Nancy fut prise d'un fou rire :

— Ah! monsieur de Coarasse, dit-elle, je crois que vous devenez poltron...

— Heu! heu!

— Et si vous teniez un pareil langage devant madame Marguerite, elle pourrait bien ne plus vous aimer...

— Tais-toi, folle...

— Justement, dit Noë qui était appuyé à la croisée, la voilà.

Noë regardait dans la rue et il venait de voir apparaître à l'angle de la place Saint-Germain-l'Auxerrois une litière fermée dont les panneaux étaient peints aux armes de France et dont les porteurs étaient vêtus mi-partie jaune et bleue, ce qui était la livrée ordinaire de madame Marguerite.

Un hallebardier précédait la litière. Deux pages marchaient derrière, — le page Gauthier et le page Raoul. Henri regarda l'argentière, puis il regarda Nancy.

Nancy était une de ces natures fines et pénétrantes dont on dit vulgairement *qu'elles voient courir l'air...*

Elle devina la pensée de Henri, se pencha à son oreille et lui dit .

— Je vous comprends... Vous voudriez bien

qu'on emmenât pareillement au Louvre la belle Sarah Loriot.

— Dame ! fit naïvement Henri, pour l'arracher à René.

— Et pour l'avoir près de vous...

— Chut !

La recommandation de silence que Henri faisait à Nancy était inutile, en ce moment, la porte s'ouvrit et la princesse Marguerite entra.

Marguerite était rayonnante.

. . . .

Quelques heures plus tard, le roi Charles IX rentrait au Louvre.

Le roi revenait de Saint-Germain, où il avait forcé un cerf dix cors.

Madame Catherine chevauchait à côté de lui, au milieu d'un groupe de courtisans.

Le roi était de belle humeur, la reine-mère souriait.

Pour que le roi fût de belle humeur, il fallait la combinaison de trois circonstances.

La première était une bonne nuit durant laquelle il n'eût point souffert de sa maladie de cœur.

La seconde, une belle journée de chasse pendant laquelle les chiens ne se fussent pas trouvés en défaut.

Pour la troisième, chose plus difficile, il fallait que madame Catherine eût oublié d'entretenir son fils de politique et de dissensions religieuses.

Ces trois circonstances, heureusement combinées ce jour-là, avaient fait de Charles IX, prince maussade et violent d'ordinaire, un monarque aimable et plein d'indulgence.

Pour que madame Catherine se prît à sourire, il fallait également trois choses, mais il n'était pas besoin qu'elles se trouvassent réunies.

Il fallait ou que René, son astrologue, eût lu dans les astres que le duc de Guise mourrait de mort violente, que les huguenots et le roi de Navarre s'entr'égorgeraient un beau jour, et que la reine Jeanne d'Albret, le mariage de son fils accompli avec madame Marguerite, avalerait de travers une arête de poisson, ce dont elle mourrait assurément;

Ou bien il fallait que le roi eût signé le matin l'arrêt de quelque seigneur son ennemi, lequel aurait été, à tort ou à raison, reconnu coupable de félonie;

Ou bien encore — et c'était alors que madame Catherine avait son meilleur sourire — il fallait, disons-nous, qu'elle eût à demander au roi quelque chose comme l'autorisation de faire noyer ou poignarder, sans bruit, quelque gentilhomme coupable de trahison à ses yeux, mais que le parlement n'aurait peut-être pas jugé tel.

Pendant toute la journée, madame Catherine avait paru rajeunie de vingt ans, elle avait galopé côte à côte avec le roi, et les courtisans s'étaient dit :

— Madame Catherine, qui s'occupe d'alchimie avec son cher René, aura trouvé sûrement quelque philtre mystérieux qui, en l'espace d'une nuit, lui aura rendu ses vingt ans.

Au moment où le royal cortége s'engouffrait sous les voûtes du Louvre, la reine-mère se pencha vers le roi et lui dit :

— Votre Majesté me voudra-t-elle recevoir ce soir ?

— Avec joie, madame.

— Entre huit et neuf heures, dans son cabinet de travail...

— Mais certainement.

— Je ferai probablement à Votre Majesté une confidence.

Charles IX fronça le sourcil.

— Est-ce que vous m'allez encore parler de politique ?

— Non, Sire.

Le roi respira.

— Alors, venez... nous jouerons à l'*hombre*.

— Soit, dit la reine.

— Il est bien fâcheux que ce pauvre sire de Coarasse, ajouta Charles IX, soit en si piteux état.

— Plaît-il ? fit la reine, qui tressauta sur sa selle.

René était allé au Louvre le matin, mais il s'était bien gardé, pour de certaines raisons particulières, de parler à la reine ni de sa rencontre avec le duc de Guise, ni de l'amour de madame Marguerite pour Henri, ni enfin du duel de ce dernier avec le prince Lorrain.

— Le sire de Coarasse jouait très-bien à l'*hombre*, poursuivit le roi.

— Comment ! il est donc mort ?

— Non, mais il n'en vaut guère mieux.

— Hein ? fit la reine.

— Il s'est pris de querelle dans un cabaret hier soir.

— Ah !

— Et il s'est fait gratifier d'un coup d'épée en pleine poitrine.

— Ah ! ah ! fit la reine dont l'œil brilla d'une sombre joie.

— Ce pauvre sire de Coarasse, ajouta le roi, je l'aimais beaucoup... Il était veneur émérite, beau joueur... Il avait beaucoup d'esprit.

— C'est précisément de lui que je voulais entretenir Votre Majesté.

— Bah !

Et Charles IX prit un air ébahi.

— Ah ! oui, reprit-il, on m'a dit qu'il s'occupait de sorcellerie et qu'il vous avait même fait d'assez belles prédictions. Est-ce vrai ?

— J'en entretiendrai ce soir Votre Majesté.

Et la reine mit pied à terre et gagna ses appartements, tandis que Charles IX, qui riait comme un page dans sa moustache blonde, monta lestement chez lui.

Madame Marguerite l'attendait dans cette pièce qu'on nommait le cabinet du roi, et qui précédait sa chambre à coucher.

— Eh bien ? fit Charles IX.

— C'est fait, répondit Marguerite.

— Il est là ?...

— Oui.

— Il a pu supporter le transport ?

— Très-bien.

— Miron l'a-t-il vu ?

— Miron répond de le guérir en quelques jours.

— Bravo ! murmura le roi.

— Et, acheva Marguerite, si Votre Majesté lui continue sa protection...

— Ah ! dame! ma belle amie, dit le roi, ce ne sera pas sans peine.

Marguerite tressaillit.

— Et j'aurai maille à partir avec notre bonne mère. Elle m'a souri toute la journée, et tu sais, quand elle sourit...

— Il y a des poignards hors de leur gaîne et des poisons dans l'air, murmura Marguerite.

— Mais, rassure-toi, mon enfant, dit le roi, nous serons forts... et rusés...

Le roi embrassa Marguerite, puis il entra dans sa chambre, la traversa et alla droit à la porte de ce petit cabinet dans lequel on avait, d'après ses ordres, couché le prétendu sire de Coarasse.

Deux personnes étaient au chevet du malade, Miron et Noë.

— Bonjour, mon cher sire, dit le roi qui entra et salua Henri d'un affectueux sourire.

II

Le roi s'assit, tandis que Noë se levait respectueusement.

— Eh bien, monsieur de Coarasse, dit Charles IX, comment vous trouvez-vous ?

— Ah! Sire, répondit le prince, Votre Majesté est si bonne pour moi, qu'il me semble que je ne me suis jamais mieux porté.

Le roi eut un sourire.

— Vous êtes un flatteur, monsieur de Coarasse, dit-il.

Et regardant Miron :

— Et toi, Miron, que penses-tu de la blessure de M. de Coarasse ?

Miron répondit :

— Un pouce plus haut ou plus bas, à droite ou à gauche, et M. de Coarasse était mort, Sire.

— Peste !

— Mais il a eu du bonheur, et sa blessure sera cicatrisée avant huit jours.

— Alors, dit le roi, vous pourrez jouer à l'hombre, monsieur?

— Oh! certainement, Sire.

Le roi fit un signe à Miron.

— Passe dans ma chambre avec M. de Noë, lui dit-il. Tu y trouveras madame Marguerite et vous deviserez tous les trois. Je veux confier un secret au sire de Coarasse.

Miron et Noë s'inclinèrent et sortirent. Le roi se leva, ferma la porte et revint s'asseoir au chevet de Henri.

Le prince était quelque peu étonné, mais son étonnement ne se mélangeait d'aucune inquiétude, car Charles IX était toujours de fort belle humeur.

— Monsieur de Coarasse, lui dit-il, vous me voyez très-embarrassé.

— En vérité, Sire !

— Je ressemble beaucoup à un rocher que deux courants contraires viennent battre.

Henri regarda le roi.

— L'un de ces courants se nomme la reine-mère, madame Catherine.

Henri tressaillit.

— L'autre, poursuivit Charles IX, a nom madame Marguerite.

Un léger incarnat monta au front du jeune prince. Cependant, il joua la surprise et dit :

— Comment, Sire, madame Catherine et madame Marguerite ne s'accordent pas entre elles ?

— Non, monsieur.

— C'est bizarre !

— Elles s'accordaient jadis, mais... aujourd'hui...

— Aujourd'hui ? fit naïvement le prince.

— Vous vous êtes placé entre elles...

— Moi ! Sire ?

— Et vous ressemblez fort, mon cher Coarasse, à cette pomme de discorde dont parle le vieil Homère.

— Mais... Sire...

— Ma sœur Margot vous a pris sous sa protection et m'a demandé à vous faire transporter ici.

— La princesse est trop bonne.

— Comme j'aime beaucoup Margot et que je vous aime un peu, monsieur de Coarasse...

— Votre Majesté me comble de joie et d'honneur.

— J'ai fait tout ce que Margot m'a demandé, comme vous voyez ; mais...

Sur ce *mais*, Charles IX s'arrêta.

Henri attendit patiemment. Le roi reprit :

— Mais, mon cher monsieur de Coarasse, j'ignorais ce matin que vous eussiez chagriné madame Catherine.

— Moi, Sire?

— A telle enseigne qu'elle est furieuse et qu'elle me va demander sans doute de vous faire enfermer à la Bastille.

— Diable !

— Vous lui avez dit la bonne aventure, vous vous êtes moqué d'elle et de René, et vous savez, au moins par ouï-dire, mon pauvre monsieur de Coarasse, que, lorsque madame Catherine et René se donnent la main pour haïr quelqu'un, ils vont assez vite en besogne.

— Sire, répondit humblement M. de Coarasse, je suis entre les mains de Votre Majesté, et s'il lui plaît de m'envoyer à la Bastille et même en place de Grève...

— Non, dit le roi en riant, vous êtes ici, la reine-mère n'en sait rien, Miron et vos amis garderont le secret, et j'autoriserai madame Catherine à vous faire chercher partout où vous ne serez pas.

— Votre Majesté pense donc, demanda Henri, que la reine-mère est très-irritée contre moi?

— J'en ai la certitude.

— Et qu'elle songe à me punir cruellement?

— Hum! dit le roi, je ne voudrais pas être en votre peau, je vous assure.

— Mais alors, Sire, aussitôt que je serai rétabli et en état de supporter la selle...

— Vous ferez bien de retourner en Navarre, à moins que...

Le roi regarda malicieusement Henri.

— Voyons, mon pauvre Coarasse, reprit-il, je vais vous poser une question, repondez-moi franchement.

— Ah! Sire...

— Je connais bien le motif de la haine que vous a vouée madame Catherine, mais j'ignore...

Et le sourire railleur du monarque prit des proportions plus larges...

— J'ignore, acheva-t-il, la cause de la sympathie que vous avez inspirée à madame Marguerite.

Henri prit un air naïf :

— La princesse est si bonne ! dit-il.

— Si bonne, reprit Charles IX toujours moqueur, qu'elle est partie au milieu de la nuit pour aller vous trouver dans le cabaret de Malican, où on vous avait transporté. Hé! hé! monsieur de Coarasse, dit le roi, savez-vous que tout cela est bien hardi de votre part?...

— Sire!...

— Car, enfin, ma sœur Margot est une fille de France.

— Sire, dit humblement Henri, si j'ai mérité un châtiment, que Votre Majesté me punisse !

Mais le roi souriant toujours :

— Si j'étais le prince de Navarre, dit-il, je vous enverrais rouer en Grève ; mais le roi de France ne se mêle point de semblables affaires.

A son tour, Henri eut un sourire ; cependant, il ne devinait point encore où le roi en voulait venir.

— Malheureusement, reprit Charles IX, le mariage de ma sœur Margot avec mon cousin de Navarre est arrêté, et cet événement, qui vous sera peut-être désagréable...

Le roi s'arrêta, attendant une réponse du sire de Coarasse ; mais celui-ci garda le silence.

Alors, le roi continua :

— Voici bientôt un mois que madame Jeanne d'Albret, ma cousine, nous a avisés, la reine-mère et moi, de son prochain voyage à Paris. Elle sera accompagnée de son fils.

— Ah! fit Henri.

— Et je crois qu'à cette époque, mon cher sire, il vous faudra prendre un bon parti.

— Lequel, Sire ?

— Si votre blessure est fermée, vous monterez à cheval et vous vous en irez faire un tour en Navarre ou en Lorraine. Tenez, le duc Henri... vous savez... le duc vous recevra très-bien.

— Je vois, répondit le sire de Coarasse avec son fin sourire de Gascon, je vois que Votre Majesté sait bien des choses.

— Heu ! heu ! fit le roi.

— Et que je n'ai rien à lui apprendre...

— Ah ! dame ! Margot était expansive ce matin, elle m'a fait des confidences...

— Cependant, reprit le jeune prince, je gage que je vais apprendre quelque chose à Votre Majesté.

— A propos de qui ?

— A propos de ce prince de Navarre à qui j'ai fait grand tort.

— Assez comme cela, dit le roi. Et vous allez m'apprendre quelque chose sur lui ?

— Oui, Sire.

— Voyons ?

Henri se souleva un peu, de façon à parler plus librement, et il commença ainsi :

— Avant de parler à Votre Majesté de S. A.

Henri de Bourbon, il est nécessaire que je lui narre une légende de nos montagnes des Pyrénées.

— Ah! dit le roi, vous avez des légendes en Navarre?

— Oui, Sire, et il en est une que je vais vous conter.

—J'écoute.

— Il était une fois, dit le prince, un berger des montagnes espagnoles qui se nommait Antonio. Antonio était jeune, entreprenant; de plus, il était suffisamment beau garçon et pouvait, à la rigueur, être aimé pour lui-même.

— Bah! dit le roi, vous me la baillez belle, monsieur de Coarasse; est-ce qu'un berger peut jamais être aimé pour autre chose?

— Ah! dame! Sire, Antonio était riche relativement, et les jeunes filles de son village avaient toutes calculé le nombre de têtes de son troupeau, et les écus que sa vieille mère avait coutume d'enfermer dans un bas de laine en guise de bourse.

— Où diable l'ambition va-t-elle se nicher? fit Charles IX en riant.

— Le monde est ainsi fait, Sire. Or, un matin, sa vieille mère, qui était, elle, non point en Espagne, mais sur le versant navarrais, sa vieille mère lui dit : Voici, mon enfant, que tu touches à ta vingtième année, et l'heure est venue de prendre femme.

— J'y songe, répondit Antonio.

— Je t'ai trouvé, dans ma famille, en Navarre, une fort belle fille qui se nomme Marguerite et qui est ta cousine.

— Ah! ah! dit le roi, elle se nommait Marguerite?

— Oui, Sire.

— Après, monsieur de Coarasse?

— Tu n'as, continua la mère d'Antonio, qu'à t'en aller en Navarre, et tu descendras chez tes cousins, les frères de ta fiancée.

— C'est bon! répondit Antonio; si elle me plaît, j'en ferai votre bru.

— Mais, dit la vieille qui était prudente et rusée, ce n'est pas tout qu'épouser une femme et l'aimer, il faut encore qu'elle vous aime.

— C'était sagement penser, observa le roi.

Henri continua :

— La vieille mère d'Antonio lui conseilla alors de partir pour la Navarre et d'aller simplement, un soir, à la tombée de la nuit, frapper à la porte de ses cousins en leur demandant l'hospitalité, comme le premier voyageur venu.

Notre homme partit; il arriva à la ferme des Navarrais, et il fut accueilli avec la cordialité que les gens de nos montagnes déploient toujours pour les voyageurs.

Il vit Marguerite.

— Était-elle belle? demanda le roi.

— Eblouissante, Sire.

— Et il l'aima?

— Sur-le-champ.

— Mais... elle?...

— Ah! voici où commence mon histoire, Sire.

— Voyons!

— Le mariage de Marguerite avec son cousin d'Espagne Antonio avait été convenu plusieurs années auparavant par les pères des deux jeunes gens, de telle façon qu'on avait élevé Marguerite dans cette idée qu'elle n'aurait jamais d'autre mari.

— Alors, elle devait l'aimer par avance?

— Bien au contraire, Sire.

— Pourquoi cela?

— Parce qu'on lui avait dit qu'Antonio était une sorte d'ours mal léché et qu'il habitait la vallée la plus sauvage, la moins fertile et la plus triste de la Navarre espagnole.

— Belle raison, en vérité!

— Ensuite, il y en avait une autre plus sérieuse, peut-être...

— Ah! ah!

— Marguerite avait un autre cousin... et celui-là, elle l'aimait.

— Pourquoi ne l'épousait-elle pas?

— Ah! voilà! parce que son père et ses frères avaient engagé leur parole à Antonio; et puis que, pour des motifs trop longs à déduire ici, ils préféraient avoir Antonio pour beau-frère.

— Comment se nommait l'autre cousin?

— Henri... et il habitait la France.

— Bon! dit le roi qui commençait à ouvrir un œil.

— Les frères de Marguerite, qu'un berger qui faisait l'office de messager entre l'Espagne et la Navarre avait avertis de la prochaine venue d'Antonio, s'étaient hâtés de congédier l'autre cousin, le menaçant de le tuer s'il reparaissait à la ferme.

Le jour où Antonio vint demander l'hospitalité, le cousin était parti de la veille, et Marguerite pleurait toutes les larmes de ses beaux yeux.

Antonio lui dit qu'il était Espagnol et connaissait beaucoup celui qu'elle devait épouser.

La curiosité l'emporta sur la douleur, et Marguerite questionna le prétendu voyageur sur celui dont elle était condamnée à accepter la main.

Antonio ne se fit point faute de se noircir du mieux qu'il put : « Ma belle demoiselle, dit-il, Antonio est laid, Antonio est méchant, Antonio est sot, c'est un véritable ours mal léché. »

Et Marguerite de prendre un plaisir extrême à tout le mal qu'on lui débitait de son futur époux, et d'écouter attentivement encore le voyageur qui lui paraissait jeune, beau garçon et doué de quelque esprit.

A ces derniers mots du sire de Coarasse, le roi Charles IX, qui avait déjà ouvert un œil, les ouvrit tous les deux et dit, en tendant la main au jeune prince :

— Dites donc qu'Antonio avait beaucoup d'esprit, mon cousin.

Et Charles IX, reconnaissant enfin, dans le sire de Coarasse, son cousin et futur beau-frère, Henri de Bourbon ajouta, en plaçant un doigt sur sa bouche :

— Chut ! écoutez-moi bien, cousin.

— Parlez, Sire.

— Marguerite se doute-t-elle que le sire de Coarasse pourrait bien avoir un autre nom ?

— Pas le moins du monde.

— Eh bien, je vais vous donner un conseil.

— J'écoute.

— Demeurez le sire de Coarasse, cousin, le plus longtemps possible.

— J'y compte bien, Sire.

— Margot est une fille capricieuse, continua le roi. Elle pourrait bien ne plus vous aimer le jour où elle saurait la vérité.

— Je ne puis cependant prolonger mon incognito outre mesure.

— Pourquoi ?

— La reine, ma mère, sera ici dans quinze jours.

— Eh bien, attendez quinze jours de plus.

— Et puis, madame Catherine et René forceront peut-être le sire de Coarasse à se démasquer.

— Ah ! ceci est différent, dit le roi ; mais patientons encore un peu, mon cousin.

Comme le roi achevait ces mots, on frappa doucement à la porte que le roi avait fermée avec soin.

— Sire, dit la voix de Miron, Votre Majesté veut-elle ouvrir à M. de Noë? La reine-mère vient.

— Ah! diable! fit Charles IX qui ouvrit aussitôt et aperçut Marguerite assise à l'autre extrémité de la chambre et causant avec le page Raoul.

Raoul venait demander au roi, de la part de madame Catherine, s'il la voudrait bien recevoir sur l'heure.

Il n'y avait donc pas de temps à perdre pour cacher Noë.

Le roi lui indiqua, d'un geste, le cabinet d'où il sortait.

Noë entra, Marguerite le suivit.

— Il est inutile, dit-elle au roi, que madame Catherine me trouve ici.

Et elle ferma la porte, puis vint prendre les mains de Henri qui la regardait en souriant.

Miron et le roi étaient désormais seuls dans la pièce voisine, où bientôt retentirent les pas de la reine-mère.

— Elle vient demander ma tête, murmura Henri en souriant.

— Ma foi! dit Marguerite qui colla son œil au trou de la serrure, puis son oreille, quiconque habite le Louvre a l'habitude d'écouter aux portes... faisons comme tout le monde!

III

Nous avons perdu de vue René le Florentin, depuis le moment où Sarah, la belle argentière, était sortie librement de sa prison improvisée.

René, que sa passion effrénée tourmentait toujours, bien qu'elle fût dominée par sa cupidité, René regarda Sarah s'éloigner et la suivit des yeux jusqu'à ce qu'elle eût doublé l'angle de la rue.

Alors seulement, il se retourna et vit Gribouille derrière lui.

Gribouille était stupéfait.

— Votre Seigneurie est folle ! s'écria-t-il.

— Hein ! fit René.

Gribouille avait l'air d'un chat qui, après avoir peloté une souris dans ses griffes, a eu la maladresse de la laisser échapper au bord d'un trou assez grand pour elle, trop petit pour lui.

— Pourquoi suis-je fou? demanda froidement René.

— Parce qu'elle est partie.

— Imbécile !

— Dame ! murmura le saltimbanque, ce n'était pas la peine de me recommander sur ma tête de ne la point laisser s'enfuir.

— Elle a payé sa rançon.

A son tour, Gribouille regarda René.

— Pardon, dit-il, mais je croyais que Votre Seigneurie ne l'avait amenée ici que parce que... parce que...

Gribouille hésita.

— Parle donc, butor ! s'écria René impatienté.

— Eh bien, je croyais que Votre Seigneurie l'aimait.

— Oui... mais...

— Et je ne pensais pas que c'était pour son argent.

— Bah ! pensa René, je puis bien dire à Gribouille le fin mot de la chose.

Et tout haut :

— Figure-toi, dit-il, que je l'aime éperdument.

— Elle ne paraît pas vous payer de retour.

— Hélas ! je le sais. Quand elle a vu que je l'approchais, elle s'est emparée d'un couteau que tu avais laissé traîner sur la table. Pourquoi diable laisses-tu traîner des couteaux ?

— J'ai eu tort, mais je ne pouvais pas... prévoir...

— C'est bon ! Donc, elle s'est emparée du couteau et m'a menacé de se tuer.

— Bah ! dit Gribouille qui avait un fonds de scepticisme, les femmes crient très-haut, mais elles y regardent à deux fois avant d'en venir à cette extrémité.

— Elle l'eût fait comme elle le disait, répondit René convaincu.

— Et alors ? interrogea le saltimbanque.

— Alors, dit René, j'ai accepté sa proposition.

— Quelle était-elle ?

— Elle m'a fait son héritier.

— Par exemple ! murmura Gribouille, je ne comprends plus.

— Pourquoi ?

— Mais parce qu'on n'hérite des gens qu'après leur mort.

— C'est ce qui te trompe. Elle m'a donné tout ce qu'elle possède à la condition que je la laisserais partir.

— Bien. Je comprends. Mais alors, fit Gribouille d'un air futé, vous pourrez la rattraper quand vous aurez hérité.

— Non, dit René.

— Pourquoi ?

— Mais parce que je n'entrerai en possession de ses biens que lorsqu'elle sera hors de France.

René raconta succinctement alors à Gribouille de quelle façon le marché avait été conclu entre lui et l'argentière.

Gribouille l'écouta hochant la tête.

— Hélas ! murmura-t-il.

— Hein ? fit René inquiet.

— Votre Seigneurie est volée.

— Bah ! j'ai sa parole.

— *Souvent femme varie,* dit le saltimbanque, qui avait quelques notions d'histoire et avait vu le château de Rambouillet et la vitre fameuse sur laquelle François Ier traça son distique non moins fameux.

L'incrédulité de Gribouille fit impression sur René.

— Elle est honnête, dit-il.

— Heu ! heu !

— Et certes, j'ai été d'assez bonne foi avec elle.

— Elle a des amis, n'est-ce pas ?

— Je le crains.

— Ses amis la conseilleront.

Cette dernière idée émise par Gribouille acheva de troubler René.

— Au fait! dit-il, tu as peut-être raison, et je ais tâcher de la rattraper.

René s'élança en effet hors de la maison et calula que Sarah devait être allée tout droit au cabaet de Malican.

Aussi se prit-il à courir et traversa-t-iL le pont u Change et la place du Châtelet en un clin d'œil.

Mais Sarah avait une avance respectable, et, sans oute, elle courait aussi vite que René.

Quand le Florentin arriva sur la place Saint-Gerain-l'Auxerrois, il trouva Malican assis fort tranuillement sur le pas de sa porte

— Bonjour, messire, dit-il.

— Bonjour, Malican.

— Votre Seigneurie a soif, peut-être?

— Non.

— Elle ne veut pas boire une bouteille de vieux ?

— Non.

— Alors, en quoi lui puis-je être utile ?

René regarda fixement le cabaretier béarnais.

— Tu avais chez toi, dit-il, une femme habillée homme?

Soit que Sarah, qui venait de partir avec Myette our la rue des Prêtres, où elle allait voir son cher enri, eût fait des confidences à Malican, soit que celui-ci eût deviné une partie de la vérité, il répliqua sans hésitation :

— Oui, messire.

— Où donc est-elle?

— Disparue depuis hier au soir.

— Vraiment?

— Hélas ! oui.

— Et tu ne l'as pas revue ?

— Non.

Et Malican, qui mentait avec héroïsme, poussa un profond soupir.

— Malican, Malican, murmura le Florentin, prends garde !

— A quoi, monseigneur?

— Si tu me mens, je te ferai pendre.

— Monseigneur, j'ai dit la vérité.

— C'est bon ! fit brusquement René.

Et il s'en alla au Louvre.

Au Louvre, on ne savait plus que penser touchant le Florentin.

Selon les uns, René était plus que jamais en faveur auprès de la reine; selon les autres, madam Catherine ne l'avait tiré des griffes de maître Caboche, le bourreau, que parce qu'il possédait un foule de secrets d'État.

Mais, d'après ces derniers, René était en disgrâce

Le Suisse qui gardait la poterne du Louvre était ans doute de cette opinion, car il croisa sa halle- arde et lui dit :

— On n'entre au Louvre qu'avec le mot d'ordre.
— Je l'ai, dit René.
— Voyons.

René le Florentin avait assisté si souvent à la ransmission du mot d'ordre qu'il avait fini par sa- oir par cœur tous les mots usités en pareil cas.

A tout hasard il prononça celui de *chasse;*

C'était justement le mot que le roi venait de don- er en s'éveillant.

Le roi, on le sait, devait chasser à Saint-Germain.

— Passez, dit le Suisse.

René s'en alla tout droit chez madame Cathe- ine.

La reine, que Charles IX avait fait prier, quel- ues minutes auparavant, de l'accompagner à la hasse, s'habillait avec une coquetterie qui n'était lus de son âge.

Elle vit entrer René et lui dit :

— Je sais d'avance ce que tu viens me demander.
— Peut-être, madame.
— Tu voudrais bien avoir mon avis sur le sire de oarasse?

La reine prononça ces mots avec un si mauvais

sourire que René comprit que la perte de Henri était résolue dans son esprit.

— Il est certain, dit-il, qu'un imposteur pareil mérite...

— Un châtiment exemplaire. Je suis de ton avis. Mais, cependant, je veux avoir le temps de réfléchir.

René se mordit les lèvres.

— Et puis nous débarrasser de lui n'est pas chose facile...

— Pourquoi ?

— Il est cousin de Pibrac.

— Peuh !

— Le roi l'aime fort.

René fronça le sourcil.

— Ensuite, j'y veux penser ; va-t-en !

Et la reine congédia son ancien favori.

René partit sans avoir pu ou voulu dire à la reine ce qui était advenu la veille, c'est-à-dire le combat du duc de Guise et du sire de Coarasse.

René voulait, sans doute, ménager le duc et tenir la parole qu'il lui avait donnée. Or, pour le Florentin, il n'était pas douteux que le sire de Coarasse eût été blessé grièvement, mais il était bien certain aussi que le sire de Coarasse n'était pas mort.

Si Henri avait succombé pendant la nuit, Malican

n'aurait certainement pas eu ce visage calme et tranquille que René venait de lui voir.

Cette réflexion, qu'il fit en s'en allant, fut pour lui un trait de lumière :

— Allons! se dit-il, je suis joué. Malican a vu Sarah, et il est probable que je vais la trouver au chevet de Henri, — lequel, bien certainement, est couché dans le cabaret.

René se dirigea de nouveau vers la maison du Béarnais.

Malican n'avait point quitté le seuil de sa maison, et il salua le Florentin pour la seconde fois avec un profond respect.

René prit un air doucereux.

— Mon cher Malican, dit-il, la reine m'envoie auprès de toi.

— La reine? monsieur René.

Et Malican prit un air niais et profondément étonné.

— La reine a appris qu'un gentilhomme de ton pays, qu'elle aime et que j'aime beaucoup, s'était pris de querelle chez toi.

— Oui, le sire de Coarasse.

— Et il s'est battu?

— Avec un inconnu.

— Qui l'a blessé grièvement, dit-on?

— Non, fit Malican avec calme. La blessure est légère...

— Ah! murmura René, tant mieux! je respire...

— En huit jours il sera sur pied.

— Tu le crois?

— J'en suis sûr.

— Très-bien, en ce cas. Il est chez toi, n'est-ce pas? je vais monter le voir, ce pauvre M. de Coarasse.

— Il n'est pas chez moi, monseigneur.

— Bah!

— Je vous jure.

— Je ne suppose pas cependant qu'il s'en soit allé jusqu'à son hôtellerie.

— On l'y a porté. Son ami M. de Noë est allé chercher ce matin au point du jour l'hôte, et l'hôte est venu avec deux de ses garçons et une litière.

Ce que disait Malican était si vraisemblable que René le crut sur parole. Il s'en alla donc rue Saint-Jacques, à l'hôtellerie du *Moine échaudé*.

Le gascon Lestacade était, comme Malican, assis sur le seuil de sa porte.

— Bonjour, lui dit René.

Tout le monde connaissait et redoutait le Florentin. Son visage était terriblement populaire, et quand il passait sur une place où jouaient les enfants, ils s'arrêtaient, saluaient, et n'osaient reprendre leurs jeux que lorsqu'il était loin.

Lestacade fit donc à René la même révérence que Malican.

— Bonjour! monseigneur, dit-il.

— Comment va le sire de Coarasse? demanda René.

— Mais... pas mal... fit Lestacade étonné.

— Comment! pas mal? tu veux dire *mieux*, je suppose.

— Le sire de Coarasse n'est pas malade, que je sache, dit l'aubergiste.

— Allons donc! fit René.

— Il n'a pas couché ici la nuit dernière, et je suppose qu'il sera demeuré au Louvre, chez M. de Pibrac, son cousin.

Lestacade acheva de convaincre René, lorsque ce dernier lui eût dit :

— Comment! tu ne sais pas qu'il a reçu cette nuit un furieux coup d'épée?

Lestacade pâlit et poussa une exclamation de douloureuse surprise :

— O mon Dieu! dit-il...

La douleur de l'aubergiste importait peu à René.

— Ah! bandit de Malican! dit-il, tu t'es moqué de moi, gare!

René, bouillant de colère, redescendit la rue

Saint-Jacques et passa les ponts avec l'intention bien arrêtée de se faire justice lui-même en administrant une volée de bois vert à l'impudent cabaretier.

Heureusement pour Malican et peut-être aussi pour René, car Malican était homme à lui planter son couteau béarnais dans la gorge, heureusement, disons-nous, le Florentin eut le temps de réfléchir pendant le trajet.

— Pour que le drôle m'ait menti, pensa-t-il, il faut qu'il sache ou devine ma haine pour Coarasse. Celui-ci n'est donc pas chez lui... Mais où est-il ?... Je ne le saurai qu'en usant d'astuce.

René rebroussa chemin et s'en retourna au pont Saint-Michel, où il avait laissé Paola.

. . . .

Or, quelques heures après, madame Catherine revenait de Saint-Germain avec le roi, et demandait à Charles IX une audience pour huit heures du soir.

En mettant le pied dans son oratoire, madame Catherine y trouva René.

René avait rôdé toute la journée aux environs de la place Saint-Germain-l'Auxerrois, où il avait fini par aposter Gribouille.

Mais ni Gribouille ni René n'avaient pu surprendre le secret de la disparition inattendue du sire de Coarasse blessé.

Alors René s'était décidé à faire des aveux complets à la reine, et il l'attendait patiemment.

— Eh bien ! dit-elle en entrant, sais-tu ce qui est arrivé à ce Coarasse ?

— Oui, madame.

— Il s'est battu, il est grièvement blessé ?

— Sa blessure est légère.

— Ah ! il guérira ?

— Il est si bien soigné ! dit René au hasard et d'un ton railleur.

— Vraiment ? et... par qui ?...

— Madame, reprit René, qui prit sur-le-champ un air soucieux et pensif, je suis à peine sorti des griffes de maître Caboche, et je vous assure que je n'ai nulle envie d'y rentrer.

— Que me chantes-tu là, René ? demanda la reine étonnée.

— Madame, poursuivit le Florentin, le sire de Coarasse a de grandes protections.

— Bah ! fit la reine.

— Le roi l'aime beaucoup.

Catherine haussa les épaules.

— Le roi fera ce que je voudrai.

— Pardon.., il n'y a pas que le roi qui s'intéresse à lui.

— Qui donc encore ?

— Madame Marguerite.

La reine tressaillit et regarda fixement René.

— Ah ! dame ! murmura celui-ci d'un ton hypocrite, elle lui doit bien cela, après tout.

— Pourquoi ?

— Mais parce qu'il s'est battu pour elle, madame.

La reine se leva stupéfaite du siége où elle était assise.

— Que dis-tu donc là ? s'écria-t-elle.

— La vérité, madame.

— M. de Coarasse s'est battu pour madame Marguerite ?

— Oui, madame.

— Et... avec qui ?

— Avec monseigneur Henri de Lorraine, duc de Guise, acheva René avec un calme cruel.

Madame Catherine pâlit, et sa gorge crispée ne laissa échapper qu'un mot :

— Parle !!!

Au ton impérieux dont ce mot était prononcé, René sentit que sa faveur dépendait dès à présent des révélations qu'il allait faire.

— Le duc de Guise est venu à Paris incognito hier au soir.

— Ah! et pour revoir Marguerite?

— Rien que pour cela, madame.

— Et... il l'a revue?

— D'abord il a vu Nancy, qui a prétendu que madame Marguerite était malade... et qu'elle ne le pouvait recevoir.

— Ainsi, il est entré au Louvre?

— Oui, madame.

— Oh, fit la reine avec colère, je suis si mal servie ! à l'heure qu'il est, le duc devrait être à la Bastille.

— C'est mon avis, fit René.

— Et il est parti, sans doute?

— Il est loin de Paris à cette heure.

— Mais enfin, Marguerite l'a revu?

— Oui, madame.

— Et...

— Dame! elle ne l'aimait plus...

— Ah! fit la reine.

— Car elle aime...

René hésita.

— Achève ! s'écria Catherine avec colère.

— Hé, mais ! dit René, qui retrouva son audace es anciens jours, après tout, le duc de Guise a bien fait d'administrer un bon coup d'épée à ce drôle de Coarasse. Il avait été supplanté par lui.

— René! murmura la reine avec une sourde fureur, prends bien garde de mentir!...

— Je ne mens pas.

— Ainsi donc, Marguerite?...

— Son Altesse protége le sire de Coarasse, n'en doutez pas, madame.

— Madame Catherine était livide.

— Oh! dit-elle, s'il en est ainsi, ce Coarasse mourra!...

Je vais chez le roi.

Et, bien que l'heure assignée par Charles IX n'eût point sonné, madame Catherine, ivre de courroux, se présenta à la porte du roi, et ce dernier n'eut que le temps de pousser Noë et Marguerite dans le cabinet où était couché le sire de Coarasse.

Madame Catherine entra chez Charles IX aussi pâle qu'une statue et son œil lançait de fauves éclairs.

. . . .

— Ah! mon pauvre Henri, murmura Marguerite, qui collait son œil au trou de la serrure, que va-t-elle donc demander! mon Dieu!

Et Marguerite, se retournant, enveloppa le prince d'un regard plein d'amour.

— Mais rassure-toi, dit-elle, je suis là et je t'aime!

IV

— Par la mort-Dieu! madame, s'écria Charles IX en voyant la reine ainsi bouleversée, que vous est-il donc arrivé?

— C'est ce que je ne puis confier qu'à Votre Majesté.

Catherine, en parlant ainsi, regardait Miron, qui se tenait respectueusement à distance.

Le roi fit un signe :

— Va t'en, mon bon Miron, dit-il.

Miron sortit.

Alors madame Catherine se laissa tomber dans un fauteuil, comme si elle eût été prise d'une faiblesse.

— Je vous écoute, madame, dit le roi. Parlez...

— Sire, reprit la reine-mère, je vous ai demandé, il y a peu d'instants, à vous entretenir du sire de Coarasse et vous avez bien voulu m'indiquer une heure...

— Et je vois, répondit le roi, que votre sablier est dérangé.

— Pourquoi? Sire.

— Parce qu'il est sept heures et non pas huit.

— Pardonnez-moi. J'étais pressée de revoir Votre Majesté.

— Parlez, madame.

— Je voulais donc vous entretenir du sire de Coarasse.

— Ah! ah! dit Charles IX, qui se prit à sourire, je sais ce que vous venez me demander.

— Vraiment? fit Catherine, qui retrouvait peu à peu son sang-froid.

— Le sire de Coarasse est un habile homme...

— Trop habile, Sire.

— Il lit dans les astres...

— Du moins il le prétend.

— Et comme vous prisez fort les astrologues, n'est-ce pas?...

— Les vrais, dit la reine.

— Vous me venez demander quelque faveur pour le sire de Coarasse.

La reine eut un sourire cruel.

— Rassurez-vous, Sire, dit-elle, je viens vous demander au contraire un châtiment terrible pour ce misérable.

— Ah! mon Dieu! murmura Charles IX, qu'a-t-il donc fait?

— Il s'est joué de moi...

— S'il en est ainsi, il sera puni.

Catherine tressaillit d'aise...

— Mais comment cela est-il arrivé?

La reine aurait bien voulu passer sous silence toutes les scènes de sorcellerie et de nécromancie qui avaient eu lieu entre le pauvre Coarasse et elle, mais le roi voulait des détails.

Elle fut donc obligée de raconter de point en point comment le sire de Coarasse, à force d'audace et d'imposture, était parvenu à capter sa confiance, et comment elle avait fini par s'apercevoir qu'elle avait dupée.

— Diable! madame, fit le roi, je suis de votre avis. Le sire de Coarasse mérite un châtiment. Parlez... voulez-vous que je l'envoie passer huit jours à la Bastille?

La reine poussa un cri d'étonnement, presque de colère.

— Votre Majesté plaisante? dit-elle.

— En quoi, madame ?

— En ce que je venais lui demander la mort de ce misérable.

— Bah! fit le roi. Votre Majesté n'y songe pas, en vérité! Savez-vous bien que pour faire pendre, brûler ou décapiter le sire de Coarasse, il faudrait remettre en vigueur un vieil édit de mes aïeux touchant les sorciers ?

— Eh bien! remettez-le en vigueur, Sire.

— Et alors, comme le sire de Coarasse n'est point le seul qui se soit occupé de sorcellerie... on brûlera tous ceux qui ont fait comme lui....

— Je ne sache pas qu'un autre...

— Votre cher René, madame. Et puis...

— Et puis? demanda Catherine qui fronçait le sourcil.

— Et puis... Votre... Majesté... acheva froidement le roi.

Madame Catherine devint pâle de colère.

— Votre Majesté veut rire, dit-elle.

— Hé! mon Dieu! madame, repartit le roi, je vais vous en dire la raison.

— Ah! fit Catherine.

— C'est grand'pitié de voir une reine de France — une fille des Médicis, une femme dont la politiqu, hardie étonne l'Europe, descendre à des haines mes quines, à des colères de bas étage, — consulter les astres avec un parfumeur, et se courroucer parce qu'un petit gentilhomme gascon, fort galant homme, du reste, a voulu ruiner ce même parfumeur, qui est un misérable, dans l'esprit de Votre Majesté.

Le roi avait prononcé ces mots avec hauteur; madame Catherine comprit qu'il lui fallait frapper un grand coup.

— Sire, dit-elle, vous avez raison, et je me rends... Je pardonne à l'imposteur.

— Très-bien, madame.

— Mais je vous vais confier quelque chose de beaucoup plus grave, et qui touche à la politique.

— Oh! oh!

— Je vais vous parler d'un homme qui peut, d'un jour à l'autre, renverser nos projets les plus sages.

— Vrai Dieu! madame, est-ce que vous m'allez parler de votre cousin le duc de Guise?...

— Peut-être...

— Il était hier ici, vous savez?

La reine se mordit les lèvres jusqu'au sang.

— Eh bien! Sire, reprit-elle, le duc de Guise a quitté Paris... Vous savez dans quelles circonstances...

— Ah! madame, répondit le roi, c'est vous qui

l'y avez forcé. Du jour où le mariage de ma sœur Margot a été résolu avec le prince de Navarre...

— Votre Majesté, dit la reine, m'a autorisée à faire poignarder le duc de Guise, si on le retrouvait au Louvre.

— C'est vrai, madame...

— Et le duc l'a échappé belle... une fois...

— Dites deux, madame ; car, si je suis bien informé, le duc a passé trois heures au Louvre la nuit dernière.

— Je ne croyais pas à tant d'audace... Mais, Sire, le duc est parti.

— Bon ! il reviendra.

Catherine hocha la tête.

— Je ne le crois pas, dit-elle ; mais enfin je viens demander à Votre Majesté une nouvelle autorisation...

— De faire poignarder le duc de Guise ?

— Lui... ou un autre...

— Comment ! un autre ?

— Sire, fit Catherine avec résolution, Margot n'aime plus le duc de Guise.

— Ah ! tant mieux...

— Mais elle en aime un autre...

— Oh ! oh ! madame !

— Et, comme il ne faut pas que son mariage avec le prince de Navarre puisse échouer...

— Bah! murmura Charles IX, le prince de Navarre tient à épouser une fille de France. Mais... quel est cet autre?

— Un simple gentilhomme.

— Margot a des sympathies libérales, convenez-en. Le rang et la naissance sont peu de chose à ses yeux.

Et Charles IX se mit à rire.

— Sire... Sire... ce dont j'entretiens Votre Majesté est grave.

— Pour le prince de Navarre surtout, madame.

— Et Votre Majesté me doit permettre de faire... pour ce gentilhomme... ce que j'ai fait... ou voulu faire...

— Pour le duc de Guise, n'est-ce pas?

— Oui, Sire.

— Ah! pardon! madame. Le duc de Guise est un cousin gênant, un prince lorrain qui voudrait devenir roi de France. Si vous l'eussiez fait poignarder, vous m'eussiez rendu un bien plus grand service qu'au roi de Navarre.

— Cependant...

— Mais un pauvre petit gentilhomme, madame, un adolescent qui s'est épris des lèvres rouges, des cheveux noirs et des grands yeux bleus de Marguerite, le faire poignarder comme un cousin du roi de France ! fi !...

— Sire, dit la reine avec résolution, j'avertis Votre Majesté que le mariage n'aura pas lieu...

— Peuh ! je crois le contraire.

— Si ce gentilhomme...

— Hé ! mais, parbleu ! ce gentilhomme, interrompit le roi, je le connais maintenant.

— Ah ! murmura la reine...

— Il s'est rencontré avec le duc de Guise... quelque part... peut-être bien dans la chambre de Margot... et le galant de la veille a donné un solide coup d'épée au galant du lendemain.

— Peut-être, Sire.

— Et, je le vois, dit le roi, c'est ce pauvre Coarasse...

La reine garda un silence affirmatif.

— Madame, reprit gravement Charles IX, je vais vous faire une proposition.

— J'écoute, Sire.

— M. de Coarasse est coupable, très-coupable d'avoir plu à Margot.

— Oh ! certes !...

— Mais il est bien plus coupable encore, convenez-en, d'avoir voulu supplanter votre cher René...

Catherine pâlit de nouveau.

— Eh bien! acheva le roi, je veux fermer les yeux sur le meurtre de ce pauvre Coarasse, bien qu'il soit un beau joueur d'*hombre* et un garçon d'esprit...

La reine eut un frémissement de joie.

— Mais à deux conditions...

— Voyons, Sire.

— La première c'est que René seul se chargera du meurtre. Si une autre main que la sienne touche au poignard qui frappera ce pauvre Coarasse, je le fais décapiter et je vous fais exiler au château d'Amboise.

— J'accepte, Sire.

— Très-bien!

— Et la seconde condition?

— La voici. René ne pourra frapper M. de Coarasse que s'il le surprend aux pieds de Margot...

— En quelque lieu que ce soit?

— Va pour cela, dit le roi avec bonhomie.

— Votre Majesté m'engage-t-elle sa parole?

— Foi de roi, madame.

— Sire, dit la reine en se levant, je vous remercie en mon nom et au nom de l'État, à qui la mort de cet homme qui peut empêcher l'alliance navarroise rendra un très-grand service.

Charles IX baisa la main de sa mère, qu'il reconduisit jusqu'à la porte de son cabinet.

Mais au moment où madame Catherine allait en franchir le seuil :

— A propos, madame, dit-il vivement, j'ai, à mon tour, une concession à vous demander.

— A moi, Sire?

— A vous.

— Votre Majesté seule ordonne...

— J'ai pensé, madame, que, puisque je vous donnais le Coarasse, vous me rendriez bien le Crillon. Ce pauvre duc m'est très-utile.

Madame Catherine éprouva un violent dépit, mais elle se contint et grimaça un sourire.

— Votre Majesté fera sagement de le rappeler, dit-elle.

Et elle sortit.

— Heu! heu! murmura le roi, je crois que la commission ne sera point du goût de René. Il aime bien mieux assassiner un bourgeois qu'un gentilhomme.

Et le roi courut ouvrir la porte du cabinet d'où le prince de Navarre, Marguerite et Noë n'avaient pas perdu un seul mot de l'entretien, et il entra, en riant de bon cœur.

. . . . !

Madame Catherine s'en alla fort dépitée du rappel de M. de Crillon, mais en même temps ravie d'avoir obtenu l'arrêt de mort du sire de Coarasse.

Elle s'en retourna donc dans son oratoire, où René l'attendait toujours.

Au visage radieux que la reine avait en entrant, le Florentin comprit sur-le-champ que le roi lui avait donné satisfaction pleine et entière.

— René, dit Catherine, le roi t'a donné gain de cause.

— Comment cela, madame?

— En condamnant Coarasse.

— A mort?

— A mort, dit froidement Catherine.

— Ah! ah! murmura le Florentin, dont les yeux brillèrent d'une joie sauvage, on le mettra donc à la torture, lui aussi; on lui brûlera les mains, on lui broiera les pieds...

— Non, dit la reine, rien de tout cela.

René fit la moue d'un enfant gâté à qui on refuse un plaisir.

— Est-ce qu'il faudra nous contenter d'une simple pendaison?

— Non, dit encore la reine.

Et René étonné la regardait.

— Le roi n'est pas très-furieux de savoir que

Coarasse est aimé de Marguerite, poursuivit madame Catherine, — mais il a bien voulu consentir à ce qu'il mourût.

— De quelle façon, alors?

— Assassiné.

— Ah! très-bien... j'ai justement sous la main un brave garçon...

La reine secoua la tête :

— Tu te trompes, dit-elle.

— Comment, madame?

— Le roi veut que tu te charges de cette besogne, mon pauvre René.

— Hein! fit le Florentin.

— Sa Majesté persiste à croire que tu as assassiné Samuel Loriot, continua la reine d'un ton railleur.

— Qu'est-ce que cela fait?

— Cela fait, à ses yeux, que tu as l'habitude d'assassiner, et tu feras toujours mieux tes affaires toi-même.

— Mais... cependant...

— Ah! dame! murmura la reine, c'est à prendre ou à laisser.

René fit une grimace expressive, soupira bien fort et finit par se résigner.

— Après tout, pensa-t-il tout haut, je le frapperai

par derrière... entre les deux épaules... c'est un coup sûr...

— Ceci est ton affaire, mais il y a une condition encore.

— Ah !

— Tu ne pourras frapper Coarasse que si tu le trouves aux pieds de Marguerite.

— Hum ! il n'y a pas de délai pour cela ?

— Non.

— Je puis le tuer sur-le-champ ?

— Si tu trouves Marguerite auprès de lui.

— En ce cas, j'aurai moins de peine.

— Pourquoi ?

— Mais parce qu'il est blessé... au lit... et, ajouta René avec cynisme, la besogne est facile. Un homme couché ne se défend pas.

— Lâche ! dit la reine avec mépris.

— Bah ! répliqua le parfumeur, on fait comme on peut.

— Très-bien ; mais penses-tu que tu trouveras facilement Marguerite auprès de lui.

— Je l'espère.

— Vraiment ?

— Dame ! murmura René, je ne sais où on l'a transporté, mais à coup sûr je le saurai bientôt.

— Comment ?

— Votre Majesté sent bien, continua René, que madame Marguerite ne se va point condamner à ne pas le voir.

— C'est juste.

— Or donc, je vais surveiller et faire surveiller la princesse. Elle finira bien par sortir du Louvre en cachette, elle sera suivie.

— Eh bien ! dit la reine, va ! c'est ton affaire... je t'ai obtenu l'impunité... c'est tout ce que je puis pour toi.

— Votre Majesté peut dormir tranquille, répondit le Florentin, nous serons vengés.

René sortit d'un pas assuré, la tête haute, le sourire aux lèvres, et il descendit dans la grande cour du Louvre, où les valets et les pages le saluèrent humblement.

Un gentilhomme mettait, en ce moment, le pied à l'étrier.

René s'approcha et reconnut M. de Pibrac.

M. de Pibrac s'apprêtait à monter un gros cheval normand solidement établi et les deux valises placées à l'arçon sur le coussinet de la selle annonçaient qu'il allait faire un long voyage.

René salua M. de Pibrac avec aménité.

M. de Pibrac lui rendit son salut avec courtoisie et l'accompagna même d'un sourire.

— Où donc allez-vous ? demanda le Florentin.

— En Provence, monsieur René.

— Bah !

— A Avignon.

— C'est un long voyage, monsieur de Pibrac.

— Heu ! heu ! j'espère bien ne pas aller jusqu'au bout.

— Pourquoi donc ?

— Le roi m'envoie quérir M. de Crillon, et si je ne le rattrape en route, il faudra bien que j'aille jusqu'à Avignon. Mais…

— Vous espérez donc le rattraper ?

— Assurément, monsieur René : le duc est parti voici deux jours ; il s'en va lentement comme on va en exil. Moi j'irai vite.

— Le roi rappelle donc le duc ?

— Oui. Ce n'était qu'une boutade.

— Diable ! pensa René, si je veux tuer Coarasse, il faut que je me hâte. Ce damné Crillon serait capable de me rudoyer encore.

— Adieu ! monsieur René, dit le capitaine des gardes. Excusez-moi, je suis pressé.

Et M. de Pibrac piqua son gros cheval normand et partit au galop.

V

Pendant huit jours environ, madame Catherine et René furent dans une situation très-perplexe.

René avait fouillé tout Paris et n'avait point retrouvé la trace du sire de Coarasse.

Vainement aussi il avait cherché Sarah la belle argentière.

Où était Sarah ?

Cette dernière question préoccupait encore le Florentin ! René était haineux et vindicatif, mais il était également avide, avide comme un lombard.

L'avidité de René l'emportait sur sa haine.

Or Sarah pouvait bien avoir manqué à sa parole, et, dans ce cas, les trésors de maître Samuel Loriot lui échappaient.

Ceci était bien autrement grave aux yeux de René que la disparition momentanée du sire de Coarasse.

Cependant il était à l'affût de l'un et de l'autre ; et comme il ne pouvait à la fois battre les rues de Paris et faire le guet à la porte ou dans les corridors du Louvre, il s'ensuivait qu'il avait besoin de prendre un auxiliaire.

Cet auxiliaire, on l'a deviné déjà, c'était le saltimbanque Gribouille.

Gribouille s'en allait de rue en rue, de porte en porte, écoutant, furetant, et partout se cassant le nez.

On le voyait rôder aux alentours du cabaret de Malican ; parfois même il entrait et demandait un verre de vin.

Malican servait Gribouille d'un air dédaigneux, comme il convient à un tavernier qui se respecte et ne reçoit habituellement que des gens de quelque valeur.

Ce dédain donnait lieu à Gribouille de croire que Malican ignorait complétement ses relations avec René le Florentin.

Au bout de huit jours, Gribouille n'avait rien vu, rien appris.

Cependant René lui avait dit :

— Tu surveilleras Myette, la fille de Malican. Myette doit savoir où est Sarah. Elle doit même la voir chaque jour.

René s'était trompé, — Myette ne sortait pas.

Chaque soir, l'épicier Jodelle venait, selon son habitude, boire un verre de vin sur le comptoir de Malican. Quelquefois il faisait avec un autre bourgeois une partie d'osselets ou de dés ; mais Gribouille ne pouvait pas savoir que les circonstances avaient élevé cet épicier à la hauteur d'un homme politique.

L'honnête marchand de mélasse, devenu diplomate, faisait parfois un petit signe à Malican ; parfois aussi il souriait à Myette.

Mais Gribouille n'était pas de force à comprendre tout ce qu'il peut y avoir de ruse et de machiavélisme dans le geste et le sourire d'un simple et naïf épicier.

De son côté, René le Florentin éprouvait les mêmes déboires.

Il errait, comme un chien maigre à la recherche d'une pâtée problématique, dans les salles et dans les corridors du Louvre, allant de chez la reine mère chez madame Marguerite.

La reine était furieuse, — la princesse paraissait d'une bonne humeur sans égale.

Il n'y avait que chez le roi où René n'osait et ne pouvait s'aventurer.

Le roi avait toujours eu une antipathie profonde pour le Florentin.

Cette antipathie s'était passablement accrue et embellie depuis le meurtre de Loriot et les événements qui l'avaient suivi, de telle façon qu'un jour que la reine-mère avait chargé son favori d'un message pour Charles IX, le monarque s'était écrié avec emportement :

— Si tu remets les pieds ici, misérable, je te ferai tuer comme un chien par le premier gentilhomme ou le premier page que j'aurai sous la main.

René était parti saisi d'une colique assez grave.

Or, l'espoir de René était de surprendre madame Marguerite quittant le Louvre et s'en allant voir quelque part le sire de Coarasse.

Cet espoir n'avait rien d'exagéré ; et comme si la jeune princesse l'eût soupçonné, elle avait voulu en réaliser une partie.

Un soir qu'il faisait clair de lune, Marguerite demanda sa litière.

René, ivre de joie, s'embusqua sur son passage et se prit à la suivre à distance.

La princesse s'en alla tout le long du bord de l'eau

jusqu'au bac de Saint-Cloud, et s'en revint sans avoir mis pied à terre.

Elle avait fait une simple promenade et René revint essoufflé.

Une chose, cependant, aurait dû donner l'éveil à René, c'était que madame Marguerite dînait presque chaque soir avec le roi.

Le roi, depuis quelques jours, s'était remis, disait-on au Louvre, à composer un poëme en compagnie de messire Pierre de Ronsard, et madame Marguerite, qui se piquait fort de belles-lettres, était admise aux séances de collaboration. Un matin, la reine-mère s'était présentée chez le roi pour obtenir de lui qu'il signât un édit touchant les relations de commerce avec l'Angleterre; — Charles IX avait signé l'édit, mais il avait dit ensuite à madame Catherine :

— Madame, le métier de roi est moins amusant que celui de poëte. Miron, qui est un bon médecin, prétend que je ne me porte réellement bien que quand je m'amuse. Laissez-moi m'amuser.

La reine avait fait la moue.

— Pendant quinze jours, continua le roi, je vous laisse le soin des affaires publiques, à la condition que vous ne pendrez pas de huguenots et que vous me laisserez terminer mon poëme en compagnie de Ronsard et de ma sœur Margot.

Et quand la reine fut partie, le roi, fidèle à son programme, ordonna sévèrement à ses pages et à ses gardes de ne laisser pénétrer personne auprès de lui, sous quelque prétexte que ce fût.

Tout cela n'avait point éveillé l'attention de René.

Or, cependant, voici ce qui se passait chez le roi.

Le sire de Coarasse, dont la blessure se fermait, commençait à se lever.

Noë était son valet de chambre.

Outre le roi, madame Marguerite et Nancy, quatre personnes étaient dans la confidence.

C'étaient Miron, Ronsard, le page Gauthier et le page Raoul.

Vers six heures, le roi se mettait à table ; Raoul et Gauthier le servaient.

Charles IX plaçait à sa gauche le sire de Coarasse, à sa droite madame Marguerite, en face de lui Noë et messire Pierre de Ronsard.

De poëme, il n'en était guère question : mais, en revanche, le souper du roi terminé, Raoul dressait une table de jeu, et le roi, ayant pour partenaire M. de Coarasse, jouait à l'ombre contre Noë et Miron. Messire Pierre de Ronsard et madame Marguerite seuls devisaient de poésie.

6.

Or, le huitième jour de l'entrée du sire de Coarasse au Louvre, M. de Pibrac, qui était parti depuis six jours, arriva.

M. de Pibrac s'en était allé si bon train, qu'il avait rattrapé le duc de Crillon au moment où ce dernier entrait dans Nevers.

Crillon, après avoir échangé quelques mots avec Pibrac, s'était empressé de tourner bride.

— Ah! par exemple! avait-il dit, le roi a tort de me rappeler, s'il compte que je ne couperai point les oreilles à ce drôle de René. Un misérable qui a osé faire exiler un Crillon!

M. de Pibrac s'en revint donc au Louvre avec le duc, et, sur-le-champ, le roi fut averti de leur arrivée.

— Parbleu! dit Charles IX en lorgnant le sire de Coarasse du coin de l'œil, je crois qu'il est temps d'en finir avec mon poëme. Qu'en pensez-vous?

Madame Marguerite regarda le roi et parut un peu étonnée.

— Chut! dit Charles IX, Coarasse me comprend... Nous vous expliquerons cela en temps et lieu.

. . . .

Pendant ce temps, René rôdait toujours infructueusement et commençait à se croire ensorcelé.

Comme il sortait de chez la reine-mère et longeait

ce couloir obscur qui conduisait à l'oratoire de madame Marguerite, le soir même de l'arrivée de M. de Crillon, il lui advint une singulière aventure.

Deux bras vigoureux le saisirent par derrière, on lui appuya un poignard sur la gorge et une voix qu'il ne put reconnaître lui dit :

— Ne bougez pas... ne criez pas... on ne vous veut aucun mal, mais si vous appeliez, on vous tuerait...

René était lâche, et comme la pointe du poignard lui piquait la gorge, il devint tout tremblant.

— Que me voulez-vous ? demanda-t-il.

— Vous donner un conseil.

— Qui êtes-vous ?

— C'est un mystère.

René avait beau écouter ; il ne connaissait pas cette voix.

On l'entraîna jusqu'à l'extrémité du corridor, et là, une lampe placée dans l'escalier lui permit de voir à qui il avait affaire.

Un homme de taille moyenne, enveloppé d'un ample manteau et le visage entièrement couvert d'un masque, était son unique interlocuteur.

Mais René avait compris à l'étreinte de cet homme qu'il était robuste, et la lame du poignard sur laquelle tomba un reflet de la lampe acheva de le rendre prudent.

Il ne songea pas un instant à mettre la main sur sa propre dague.

— Qui donc êtes-vous ? répéta-t-il.

— Un homme étranger à la cour et que vous ne connaissez pas.

— Mais que me voulez-vous ?

— Causer avec vous quelques minutes.

— Où ?

— Ici. Nous sommes seuls.

René était fort ému.

— Monsieur René, reprit l'inconnu, vous êtes l'ennemi du sire de Coarasse.

René tressaillit.

— Que vous importe ! dit-il.

— Il m'importe beaucoup.

— Etes-vous son ami ?

— Au contraire, je le hais.

René étouffa un cri.

— Je suis son ennemi mortel, acheva l'inconnu.

— Ah !... Vous dites... vrai ?

— Je dis vrai.

— Eh bien ! s'écria René qui tendit vivement sa main, touchez là.

L'inconnu prit la main du Florentin et la serra.

— Vous voulez tuer Coarasse ? continua l'inconnu, moi aussi.

— Ah! ah!

— Le roi vous l'a permis, à la condition que vous le frapperiez vous-même.

— D'accord.

— Et que... ce serait aux genoux de madame Marguerite.

— Précisément.

— Et depuis huit jours vous cherchez inutilement le sire de Coarasse.

— Hélas !

— Je sais où il est, moi.

René jeta un cri de joie.

— Il est au Louvre...

René recula stupéfait.

— Et chaque soir, madame Marguerite le vient visiter...

René fut pris de vertige.

— Mais... où est-il?

— Suivez-moi.

L'inconnu prit René par la main et lui fit gravir l'escalier tournant.

— Votre dague est de bonne trempe, n'est-ce pas, messire René ? lui demanda-t-il tout bas.

— Elle perce un écu d'or.

— Bravo !

— Je ne connais qu'une seule cotte de mailles qu'elle ne puisse entamer.

— Quelle est-elle ?

— C'est celle que le feu roi Henri fit forger à Milan, par le célèbre armurier *Gouasta-Carne*, c'est-à-dire Gâte-chair, lors de son mariage avec madame Catherine.

— Ah! dit l'inconnu, votre dague n'a pu l'entamer ?

— Non. Un jour le roi, le duc de Crillon et moi-même en avons fait l'essai. La lame s'est faussée.

— Bon! fit l'homme masqué, la peau du sire de Coarasse est plus tendre que cela.

— Je l'espère, murmura René avec un sourire cruel.

Et ils continuèrent à gravir les marches de l'escalier.

— Ah! çà, demanda le Florentin, il est donc dans les combles ?

— Oui... dans la chambre du page Raoul, laquelle, vous le savez, communique par une porte avec une autre chambre qu'habitait jadis mademoiselle Guitaut, la première camérière de la reine. Cette chambre est inhabitée aujourd'hui, et c'est là que madame Marguerite a caché le sire de Coarasse.

— Et c'est là qu'elle vient le voir?

— Oui.

— Quand?

— Tenez, écoutez, dit l'inconnu.

On entendait sonner le beffroi de l'église Saint-ermain.

— Il est neuf heures. C'est le moment où le roi sort de table. Avant dix minutes les amoureux seront réunis.

— Comment pénétrer auprès d'eux?

— J'ai une fausse clef.

En parlant ainsi, l'homme masqué atteignit le corridor supérieur et, tenant toujours René par la ain, il le conduisit jusqu'à la porte de cette chamre où nous avons vu le duc de Guise s'introduire ous le costume d'un garçon marchand de vins.

Alors l'inconnu mit une clef dans la serrure et la orte s'ouvrit sans bruit.

La chambre de Raoul était petite, mais assez luueusement décorée. D'épais rideaux masquaient la enêtre, une chaise longue était placée tout auprès e la cheminée. Sur un guéridon brûlait une petite ampe à globe d'albâtre qui projetait autour d'elle ne lueur indiscrète.

L'inconnu, qui marchait sur la pointe du pied, écarta les rideaux de la croisée et dit à René :

— Tenez! cachez-vous là... et attendez...

René obéit et les rideaux se refermèrent.

Alors l'inconnu s'éloigna lentement et tira la porte derrière lui.

René, dont le cœur était pris d'une violente émotion, René, qui aurait mieux aimé avoir affaire à un deuxième Samuel Loriot qu'au sire de Coarasse, attendit environ dix minutes.

Puis, tout-à-coup, la porte par où l'inconnu avait disparu se rouvrit, et une femme se montra.

Cette femme était enveloppée dans un grand manteau, et de plus elle avait un loup de velours sur le visage.

Elle entra, passa à deux pas de René et alla frapper à cette autre porte qui mettait la chambre de Raoul en communication avec celle qu'occupait mademoiselle Guitaut.

La femme voilée heurta cette porte de deux petits coups.

Aussitôt elle s'ouvrit et le sire de Coarasse, tête nue, pâle, chancelant, se montra sur le seuil.

La femme voilée lui jeta les deux bras autour du cou et l'entraîna vers la chaise longue, où elle s'assit.

Henri s'agenouilla devant elle, prit ses deux mains, les porta à ses lèvres et murmura :

— Ah ! chère Marguerite...

Soudain René écarta les rideaux et s'élança, l

dague haute, sur le sire de Coarasse qui lui présentait le dos.

La femme voilée jeta un cri, mais déjà la dague de René s'abaissait rapide entre les deux épaules du prince.

VI

René avait ajusté son coup entre les deux épaules du prince, et il avait frappé avec une vigueur sans égale. Mais sa surprise et son effroi furent grands...

La dague se brisa en trois morceaux et soudain le prince se redressa.

Leste et terrible comme le tigre qui se retourne vers le chasseur maladroit, Henri saisit le bras du Florentin, lui arracha le tronçon de sa dague, et à son tour il lui mit un poignard sur la gorge.

René, pâle et frissonnant, se demandait si Satan lui-même ne s'était point incarné dans la peau de Henri de Coarasse pour la rendre invulnérable et à l'épreuve d'une dague forgée à Milan.

René était moins pétrifié quelques jours auparavant en présence de maître Caboche, de ses aides et de la torture.

Henri le tint un moment immobile et comme fasciné sous son regard.

En même temps, la femme masquée arracha son loup, et René, saisi de vertige, reconnut non point Marguerite, mais Nancy.

Nancy la rieuse et l'espiègle, qui lui montra ses dents blanches, le regarda d'un air moqueur et lui dit :

— Méchant que vous êtes ! vous avez tenté d'assassiner mon amoureux, juste au moment où il m'avouait sa flamme.

Puis encore, deux autres portes s'ouvrirent, et René, saisi de terreur, vit entrer par l'une le roi Charles IX, par l'autre M. de Pibrac, Noë et le terrible duc de Crillon.

— Sire, dit alors Henri qui se tourna vers le roi, voici un homme qui a tenté de m'assassiner.

— Je le sais, dit le roi ; j'ai tout vu.

— Sire, balbutia René, c'est par ordre de madame Catherine.

Le roi fit un signe de tête affirmatif.

— Et Votre Majesté, ajouta René dont les dents claquaient d'épouvante, Votre Majesté l'a permis.

— Halte-là, maître René, fit le roi avec hauteur ;

je vous ai permis de tuer le sire de Coarasse aux pieds de ma sœur Margot, et non aux pieds de Nancy.

— Me tuer mon amoureux ! fit Nancy d'un ton boudeur... Ah! fi !...

— Et comme l'intention est réputée pour le fait, ajouta Charles IX, et que tu as transgressé mes ordres...

— Mais, Sire, le masque...

— Tu seras pendu, René, et pendu haut et court, demain matin.

— Sire... Sire...

— Tuer un petit gentillâtre, passe encore, poursuivit le roi : mais tuer M. de Coarasse !

René eut une lueur d'audace, et il osa répondre :

— Les Coarasse ne sont pas de race royale.

— Hé! hé! dit le roi.

Et, regardant Henri :

— Expliquez donc à ce drôle, *mon cousin*, dit-il, comment vous vous nommez Coarasse.

A cette appellation de « mon cousin, » René crut rêver; mais il jeta un cri terrible, un cri d'hyène prise au piége, lorsque le prince lui eut dit froidement :

— Je me nomme Henri de Bourbon, prince héritier du trône de Navarre, et je suis né au château de Coarasse.

— Tu vois bien, mon pauvre René, dit alors le roi avec cette bonhomie cruelle qu'il avait parfois, — tu vois bien que la corde qui doit t'étrangler est suffisamment graissée...

— Sire ! grâce ! balbutia René tombant à genoux.

Le roi haussa les épaules.

— Duc, reprit-il, s'adressant à Crillon, je vous ai chargé déjà d'une vilaine besogne, je vais vous en charger encore.

— Ah ! Sire, répondit Crillon, je le veux bien, mais cependant...

— Et bien ? fit le roi.

— Je désirerais réfléchir.

— Pourquoi cela ?

— Mais parce que, soit que René ait fait un pacte avec le diable...

— C'est possible !...

— Soit que... la reine-mère...

— Ah ! duc, fit le roi avec fierté, je veux bien me laisser duper quand il s'agit d'un bourgeois, mais non d'un prince de mon sang.

— Si je suppliais Votre Majesté de m'engager sa parole...

— Comment cela ?

— Voici, dit Crillon, enveloppant René d'un regard qui le glaça jusqu'à la moelle des os : quand

René a assassiné le bourgeois Loriot, le prévôt des marchands et tous les boutiquiers ont jeté de tels cris, que Votre Majesté a cru devoir déférer le coupable au Parlement. C'était très-bien, en principe, mais les événements ont prouvé que ce mode de juridiction était mauvais.

— C'est vrai, duc.

— Moi, je suis pour un procédé beaucoup plus simple.

— Ah! ah!

— Votre Majesté va en juger.

— Voyons!

— Qu'est-ce que René! Une bête venimeuse, un chien enragé, quelque chose de malfaisant dont on se débarrasse au plus vite...

— Hé! dit Nancy, voilà un joli portrait, ma foi!

— Il n'est pas flatté, murmura le roi, mais il est fidèle...

— Donc, poursuivit le duc, mon avis est qu'il faut se débarrasser de René au plus vite, sans tambour ni trompette, — en famille...

— C'est le mot, observa Charles IX.

— Votre Majesté m'engage sa parole qu'elle ne me retirera René des mains sous aucun prétexte?

— Sous aucun, dit sèchement le roi.

— Je fais comme le bourreau, je prends le condamné et j'en donne un reçu.

— A merveille !

— Puis, avec l'aide de trois de mes Suisses, je le fais descendre dans la cour du Louvre.

— Bien, après ?

— Je me procure une bonne corde neuve.

— Parfait !

— On hisse la corde après le poteau d'une lanterne.

— Les poteaux de lanterne sont solides, observa le roi.

— Et au bout de la corde...

— On hisse René, ajouta Charles IX.

— Oh ! soyez tranquille, Sire, ajouta M. de Crillon, mes Suisses entoureront la potence jusqu'au matin... Il ne faut pas douze heures pour bien pendre un homme.

— Ah ! ah ! dit le roi, est-ce que vous allez faire cette besogne ?...

— Sur-le-champ, Sire.

— Au milieu de la nuit ?

— Bah ! fit le duc, le paradis est ouvert à toute heure. Si René y doit aller, ce dont je doute, on le recevra à minuit aussi bien qu'à midi.

René écoutait sans entendre, regardait sans voir,

et il semblait avoir déjà la terrible corde passée autour du cou.

— Eh bien ! dit le roi, allez, duc.

— J'attends... Sire.

— Qu'attendez-vous ?

— La parole de Votre Majesté qu'elle me fait cadeau de René et m'octroie le droit de lui faire ce que bon me semblera.

Le roi allait répliquer et octroyer sans doute cette parole qu'on lui demandait, lorsque la porte qui donnait sur le corridor livra passage à un nouveau personnage que, sans doute, personne n'attendait.

C'était la reine-mère, madame Catherine de Médicis.

La reine avait entendu une rumeur inaccoutumée, des cris, des éclats de rire, la voix du roi, celle de René, et elle accourait.

Elle s'arrêta sur le seuil, vit le sire de Coarasse calme et la tête haute, le roi dédaigneux, le duc de Crillon tranquille comme un lion au repos, Nancy moqueuse, Noë souriant, M. de Pibrac se composant un visage de gascon diplomate, et René livide d'épouvante.

En un seul coup d'œil, la reine comprit une partie de la vérité.

Elle devina que le roi s'était moqué d'elle, et qu'il protégeait le sire de Coarasse.

Elle devina que Nancy s'était prêtée à une comédie.

Elle devina enfin que M. de Crillon allait faire payer cruellement à René sa disgrâce de quelques jours.

L'œil de Catherine lançait des éclairs, et le regard qu'elle darda au sire de Coarasse fut terrible.

— Madame, dit froidement le roi, René n'a pas tenu ses engagements.

— Ah! dit la reine.

— Je lui avais permis de tuer le sire de Coarasse, s'il le surprenait aux pieds de la princesse Marguerite...

— Eh bien, Sire?

— René n'a point tenu parole.

— Comment cela?

— Il a frappé le sire de Coarasse juste au moment où il faisait une déclaration d'amour à Nancy.

La reine regarda Henri.

Henri n'était pas même blessé.

— Bon! dit le roi, qui devina la pensée de la reine-mère, vous trouvez que, pour un homme assassiné, il se porte assez bien... hein?

— Sire!...

— Ah! c'est que je lui avais prêté la cotte de mailles de mon père le feu roi Henri II.

Ces derniers mots firent pâlir la reine de courroux.

— Sire, dit-elle, vous êtes le roi, vous êtes le maître, le maître absolu, mais vous êtes mon fils, et Dieu punit le fils qui ose se railler de sa mère.

En parlant ainsi, madame Catherine s'était redressée avec fierté.

— Madame, répondit le roi, je vais vous expliquer ma conduite en peu de mots.

— Je vous écoute, Sire.

— A Dieu ne plaise que je me raille jamais de ma mère! mais à Dieu ne plaise aussi que je permette jamais qu'on assassine ceux de mon sang dans mon propre palais!

— Je ne vous comprends pas, Sire.

Le roi regarda Henri.

— Mon cousin, dit-il, veuillez donc expliquer à la reine-mère que vous vous nommez Henri de Bourbon.

Catherine recula effarée.

— Madame, dit alors Henri, qui prit la main de Catherine et la porta à ses lèvres en fléchissant un genou, pardonnez-moi d'avoir joué auprès de vous un rôle de sorcier tout au plus digne de René.

La reine regardait Henri avec une sorte d'égarement.

— Ah! dit-elle enfin, j'aurais dû vous reconnaître, vous êtes le portrait vivant d'Antoine de Bourbon, votre père.

— Alors vous comprenez, madame, reprit le roi, qu'avec la meilleure volonté du monde de vous être agréable, je ne pouvais, en conscience, faire tuer celui à qui vous destinez la main de ma sœur Margot.

La reine, pétrifiée, ne trouvait pas un mot à répondre.

Heureusement le duc de Crillon se chargea de rompre ce silence.

— Sire, dit-il, j'attends toujours votre parole.

Et, ce disant, il posa la main sur l'épaule de René.

René jeta un cri et tomba à genoux.

— Qu'allez-vous donc faire de cet homme? demanda Catherine.

— Madame, répliqua Crillon, j'attends que Sa Majesté le roi daigne me le confier.

— Et qu'en voulez-vous faire?

— Le pendre dans la cour du Louvre.

— Ah! madame, ajouta le roi toujours froidement railleur, vous comprenez que je ne puis faire moins pour mon cousin le prince de Navarre...

— Sire... Sire... balbutia Catherine qui ne pouvait

se défendre d'un reste d'affection pour son maladroit favori.

— Trop tard, madame, dit le roi; j'avais engagé ma parole au duc.

Catherine soupira, mais elle se tut.

— Je suis perdu! pensa René devenu livide. Elle aussi m'abandonne...

Et obéissant à une inspiration subite, il se jeta aux genoux de Henri.

— Ah! monseigneur, murmura-t-il, monseigneur... ayez pitié de moi... pardonnez-moi...

— Et si je te pardonne, dit Henri, que feras-tu?

— Je passerai ma vie à vous bénir.

— Tarare! dit le prince.

— Je me ferai tuer pour vous...

— Peuh! tu as peur de la mort...

— Je... je... je serai votre esclave...

— Chansons que tout cela! dit le prince devenu railleur à son tour. Je vais te proposer autre chose René, mon ami...

— Ah! parlez, monseigneur, supplia René, parlez... ordonnez! Mais...

Il regarda Crillon avec terreur.

— Mais ne me laissez point aux mains de M. le duc.

Crillon grommelait entre ses dents.

— Tiens-tu sérieusement à vivre?... dit Henri.

— Oh ! fit René.

— A t'en aller fort tranquillement chez toi, au pont Saint-Michel?

— Ma fille ! murmura René, qui voulut émouvoir Henri en faisant vibrer la corde paternelle.

— Écoute-moi bien, René, continua le prince, il y a huit jours, tu avais une femme en ton pouvoir.

Le Florentin tressaillit.

— Cette femme que tu avais enlevée dans le cabaret de Malican, juste au moment où je recevais un coup d'épée de M. le duc de Guise, cette femme, dis-je, tu lui as rendu sa liberté...

— Ah ! ah ! interrompit le roi, qui donc était-ce?

— Sarah Loriot, la femme du bourgeois que René...

— Chut! dit Charles IX, ne rappelons point ces choses qui sont fort désagréables à madame Catherine.

La reine se mordit les lèvres.

— Et, demanda Charles IX, elle a racheté sa liberté un bon prix?

— Mais oui, Sire.

— Qu'a-t-elle donné ?

— Elle a engagé sa parole à René qu'il serait mis en possession de tous les trésors de Samuel Loriot le jour où elle, Sarah, aurait touché la terre de Navarre.

— Samuel était riche, observa M. de Crillon.

— Et vous voyez, Sire, que maître René n'a pas ménagé Sarah.

— Certes, non.

— Eh bien! René, mon ami, si tu veux dégager Sarah l'argentière de sa parole d'abord, et souscrire ensuite à un petit engagement avec moi, je supplierai M. le duc de te laisser la vie.

— Ah! monseigneur, dit Crillon, Votre Altesse a bien certainement une absence d'esprit.

— Comment cela, duc?

— Si je prends René, les trésors de Sarah ne lui seront pas très-utiles.

— C'est vrai. Mais il a une fille, et Sarah sera esclave de sa parole.

— Hum! fit Crillon, tout cela est fort gênant... je voulais faire une expérience.

— Bah? dit le roi.

— J'aurais voulu m'assurer que les poteaux des lanternes pouvaient, à la rigueur, et dans un moment de presse, remplacer la potence ordinaire.

— Je vous comprends, duc, mais je tiens à ne point voir dépouiller l'argentière.

Et Henri regarda René :

— Eh bien ! qu'en dis-tu ?

René roulait un œil hagard autour de lui et gardait un farouche silence.

Mais il sentait que M. de Crillon avait hâte d'en finir et il avait compris que la reine elle-même n'osait plus le défendre.

D'ailleurs Crillon se moquait parfaitement de la reine et n'attendait qu'un signe de Charles IX.

— J'accepte, balbutia René. Je délie Sarah Loriot de son serment.

— Bon ! dit Henri, voici le premier point. Maintenant, passons au second.

René regarda le prince : que pouvait-on lui reprendre encore ?

— Tu vas t'engager, poursuivit le prince, à ne pas toucher un seul cheveu de ma tête, ni de celle de M. de Pibrac, ni de celle de mon ami Noë que voilà.

— Je le jure... balbutia encore René.

Mais Henri se prit à sourire.

— Oh ! dit-il, ce n'est pas toi qui vas me le jurer.

— Hein ? fit le roi.

— Sire, répondit Henri, je vais demander à René un serment par procuration.

— Comment l'entendez-vous, mon cousin ?

— Fort simplement. Madame Catherine, que voilà, va m'engager sa parole royale que René ne tentera rien ni contre la vie ni contre le repos de M. de Pibrac, de Noë, de Sarah l'argentière et de son humble serviteur, le prince Henri de Bourbon.

— Allons ! madame, dit Charles IX, laissez pendre René ou faites le serment?

— Soit, dit la reine je me porte garant pour René. J'en donne ma parole...

Henri respira.

Mais la reine, en prononçant ces mots, lui jeta un regard de haine, et il comprit que désormais il avait en elle une ennemie implacable...

— Harnidieu! jurait Crillon, voici que ce damné parfumeur se tire encore sain et sauf de mes griffes... Quel guignon!

VII

La scène qui venait d'avoir lieu avait été prévue et méditée dans le cabinet du roi, au moins quant à ce qui concernait Nancy ; mais il n'avait été nullement question d'abord de révéler à René le véritable nom du sire de Coarasse.

Dans la pensée du roi, apprendre à madame Marguerite qu'elle aimait celui qu'on lui destinait pour époux était chose dangereuse, et il avait été convenu tout d'abord que l'incognito du prince ne serait point violé.

C'était dans cette intention que le roi, après avoir fait la leçon à madame Marguerite, avait imaginé de masquer Nancy, de lui faire jouer le rôle de sa maîtresse et de faire ainsi tomber René dans un piége.

Car, si le roi avait permis qu'on tuât le sire de Coarasse aux pieds de Marguerite, il n'avait nullement entendu qu'on prît Nancy pour elle. Donc René, frappant le sire de Coarasse aux genoux de Nancy, transgressait les ordres du roi et devenait justiciable de M. de Crillon.

Un événement imprévu était venu modifier cet arrangement.

Comme le roi était à table vers sept heures, on vit arriver le page Gauthier, qui remit au roi un vaste pli cacheté.

— Qui donc apporte cela? demanda le monarque.

— Un gentilhomme qui arrive de Nérac à franc étrier.

Henri tressaillit, M. de Pibrac et Noë échangèrent un regard.

Quant à madame Marguerite, elle se prit à pâlir.

— Oh! oh! fit le roi, de Nérac?...

Et il ouvrit le pli cacheté et en retira successivement trois lettres. L'une était à l'adresse du roi, l'autre à celle de M. de Pibrac, la troisième était destinée à madame Catherine. Le roi tendit la sienne à Pibrac et brisa le scel du message qui lui était adressé :

« Sire, mon frère et cousin, — disait Jeanne d'Albret, reine de Navarre, — je vous écris ces présentes pour vous annoncer que je me mets en route cejourd'hui, onzième de juin, et que je pense être rendue à Paris devers la fin du présent mois, à la seule fin que le mariage de mon fils Henri avec votre sœur Marguerite se puisse conclure promptement.

« Mon écuyer monte à cheval et a ordre de ne point *baguenauder* en route.

« Il arrivera à Paris bien avant moi.

« En attendant, Sire, mon frère et cousin, le plaisir et la faveur de vous voir, je prie Dieu qu'il vous tienne en santé, joie et liesse.

« JEANNE, reine de Navarre. »

Le roi, après avoir parcouru cette lettre des yeux, la lut tout haut, regardant madame Marguerite, qui était devenue plus pâle qu'une statue.

En même temps Noë se penchait à l'oreille de M. de Pibrac :

— Bien certainement, disait-il, le messager de madame Jeanne a laissé pour nous un pli à l'hôtellerie de la rue Saint-Jacques.

Le prince de Navarre regardait Marguerite et semblait partager son émotion.

M. de Pibrac ouvrit la lettre que lui adressait la reine Jeanne et lut tout bas :

« Cher et aimé Pibrac,

« J'ai toujours grand'peur que le prince mon fils ne continue à être enamouré de madame la comtesse de Grammont, et c'est pour cela que je vous écris. J'ai grand'peur, en outre, que les cancans et médisances qu'on débite par tout le royaume à l'endroit de madame la princesse Marguerite ne l'aient aussi dégoûté de ce mariage, et je vous prie de faire tous vos efforts pour l'y décider. Vous lui promettrez de ma part qu'aussitôt que le mariage sera conclu, je lui octroierai le titre de roi.

« Adieu, cher et aimé Pibrac ; je compte sur vous.

« JEANNE. »

M. de Pibrac se hâta de refermer cette lettre et de la faire disparaître dans la poche de ses chausses.

L'arrivée de ces dépêches avait produit une impression fâcheuse sur les convives de Sa Majesté.

Un morne silence régna pendant quelques instants, et ce fut le roi qui le rompit en disant au sire de Coarasse :

— Mon cher sire, venez, que je vous parle...

Le roi se levant de table, alla ouvrir la porte

du cabinet où Henri couchait chaque soir et il l'y fit entrer avec lui.

— Ah! pensait Marguerite éperdue, il va lui ordonner de partir...

Marguerite se trompait.

— Cousin, dit tout bas Charles IX au prince de Navarre, que pensez-vous de la prochaine arrivée de madame Jeanne?

— Je pense, Sire, qu'elle va me forcer à dépouiller mon incognito.

— Ne craignez-vous rien?

— Que craindrais-je?

— Margot est capricieuse.

— Elle m'aime...

— Alors, dit le roi, voulez-vous mon avis?

— Parlez, Sire.

— Autant lui faire la confidence de suite.

— Soit!

— Restez là, je vais vous l'envoyer...

Henri s'assit sur le pied de son lit, et le roi rentra dans la salle à manger où le silence avait pris des proportions funèbres.

— Hé! ma pauvre Margot, dit le roi, je viens de donner une mission au sire de Coarasse.

— Une mission, Sire?

Et Marguerite se prit à trembler de tous ses membres.

— Va le voir, il se chargera de tes commissions.

— Pour qui, Sire?

— Pour le prince de Navarre.

Marguerite, la sueur au front, les lèvres blémies, entra dans le cabinet, persuadée que le roi avait voulu, la prenant en pitié, lui ménager un dernier tête-à-tête avec Henri.

Celui-ci était calme, sérieux, et il enveloppa Marguerite d'un regard d'amour.

Marguerite lui prit la main et lui dit :

— Je ne veux pas que vous partiez !

— Il le faut.

Le prince se prit à sourire et lui dit :

— Ne devez-vous pas bientôt épouser le prince de Navarre?

— Taisez-vous.

— Et vous ne pouvez aimer que lui.

— L'aimer! s'écria Marguerite avec colère, oh! je le hais...

— Pourquoi?

— Parce que je t'aime.

Un fin sourire vint aux lèvres du jeune prince.

— Vous le haïssiez avant de m'aimer...

— C'est vrai.

— Pourquoi donc?

— Parce que, m'a-t-on dit, c'est un rustre, un paysan, un ours mal léché...

— Et puis, ajouta Henri, parce qu'il vous faudra aller vivre en Navarre, à la cour de Nérac, où on s'ennuie fort, dit-on.

— Ah! dit Marguerite, si, au lieu de vous aimer, j'aimais le prince, que m'importerait!

— Je gage, ma chère amie, que vous consentiriez à me suivre.

— Vous?

— Moi.

— Ah! certes! et au bout du monde.

— Même, fit Henri souriant, si j'étais le prince de Navarre?

Marguerite tressaillit et regarda le prince avec étonnement.

— Le prince de Navarre, poursuivit Henri, qui aurait quitté Nérac incognito et, craignant de n'être point aimé, se serait hasardé de plaire à la princesse Marguerite sous le pourpoint d'un simple gentilhomme?

— Henri... Henri... ne raillez point, murmura la princesse.

— Madame, répondit-il, le roi Charles IX m'a dit tout à l'heure une singulière chose.

— Ah! fit Marguerite, qui regardait toujours le prince.

— Il m'a dit que vous seriez capable de prendre en haine le pauvre sire de Coarasse...

— Vous êtes fou.

— Si vous vous aperceviez qu'il vous a trompée.

— Vous m'avez donc trompée?

— Hélas! oui.

Marguerite tressaillit de nouveau.

— Je me nomme Henri de Bourbon, acheva le prince, qui prit les deux mains de Marguerite, l'attira à lui et lui donna un long baiser.

Marguerite jeta un grand cri. A ce cri, le roi accourut, suivi de Miron, qui s'empressa de donner des soins à la jeune princesse, qui venait de s'évanouir.

Cet évanouissement fut de courte durée. Bientôt Marguerite, qu'on avait placée dans un grand fauteuil, rouvrit les yeux et aperçut tour à tour Henri et le roi, qui chacun tenaient une de ses mains.

Elle sourit à Henri et dit au roi :

— Sire, vous aviez de moi une fort vilaine opinion. Je suis prête à aimer le prince de Navarre aussi ardemment que j'aimais le sire de Coarasse.

— Alors, dit le roi, nous allons modifier un peu le bon tour que je compte jouer à ce drôle de René.

Et le roi, parlant ainsi, alla détacher d'une vaste panoplie cette fine cotte de mailles que le roi Henri II fit forger à Milan et sur laquelle devait se briser, une heure plus tard, la dague si merveilleusement trempée du Florentin.

. . . .

Deux heures après, on s'en souvient, le favori de madame Catherine était pris au piége.

Noë avait joué le rôle de l'homme masqué.

Quand la reine Catherine eut fait le serment que lui demandait Henri de Navarre, le roi ajouta :

— Maintenant, madame, je puis vous donner une nouvelle.

— Ah! fit la reine avec indifférence.

— La reine Jeanne arrive dans huit jours.

— Et je ne vois plus rien qui puisse retarder mon mariage, dit une voix derrière madame Catherine.

La reine-mère se retourna vers Maguerite, qui entrait et souriait au prince Henri de Bourbon, futur roi de Navarre. René était consterné !

VIII

Huit jours après les événements que nous venons de rapporter, le Louvre avait pris un air de fête tout à fait inaccoutumé.

On attendait d'un moment à l'autre l'arrivée de madame Jeanne d'Albret, reine de Navarre.

Un gentilhomme courrier était entré au Louvre vers deux heures de relevée, annonçant que le royal cortége n'était plus qu'à quelques lieues de Paris.

Soudain Henri de Navarre, qui, depuis qu'il avait dépouillé l'incognito et répudié le nom de sire de Coarasse, logeait ouvertement au Louvre, Henri était monté à cheval, en compagnie de Noë, de M. de Pibrac et de quarante gardes du roi, dont le duc de Crillon, sur l'ordre de Charles IX, avait pris le commandement.

Puis le prince, accompagné de cette escorte d'honneur, s'en était allé au devant de sa mère.

En même temps, madame Catherine, le roi, madame Marguerite, avaient donné des ordres pour que la réception fût brillante et digne de tous points d'une reine alliée à la famille royale de France.

Par les corridors et les salles, dans les cours, partout, les pages, les gentilshommes, les valets se croisaient d'un air affairé.

Mais les gentilshommes causaient, les valets se réjouissaient, les pages caquetaient ni plus ni moins que de belles filles.

Notre ami Raoul, qui s'en revenait de porter un message à madame Catherine, avait trouvé le moyen de rencontrer Nancy.

Raoul avait rougi, Nancy s'était prise à rire.

Tous deux s'étaient appuyés au balcon d'une fenêtre qui regardait la Seine et, sous prétexte de voir arriver le cortége, ils s'étaient mis à causer.

— Ma chère Nancy, disait Raoul, que pensez-vous de tout cela?

— Qu'appelles-tu tout cela, mon petit Raoul?

— Mais le calme qui a régné au Louvre ces jours-ci, d'abord.

— Bon! et après?

— Et la joie qu'on y déploie aujourd'hui...

Nancy prit un air grave :

— Connais-tu le bord de la mer, mon petit Raoul?

— Non.

— C'est fâcheux.

— Pourquoi?

— Parce que, si tu avais vu l'Océan, tu saurais, mon petit Raoul, que le calme le plus profond précède ordinairement la tempête.

— Ah! dit Raoul.

— Et puis il y a un vieil adage qui prétend, continua Nancy, que ceux qui rient le samedi pleureront le dimanche.

— Tiens! fit Raoul, c'est justement samedi.

— Et mon adage est peut-être fort juste.

— Oh! oh! Nancy, murmura Raoul, comme vous êtes soucieuse!

— C'est vrai!

— Est-ce que vous entrevoyez des malheurs?

— Hélas!

— Mon Dieu! fit Raoul frappé de la gravité de Nancy.

— Mon petit Raoul, poursuivit la jolie camérière, je suis tout bonnement la princesse Cassandre du Louvre.

— Bah !

— On ne croit pas à mes prédictions.

— Qu'avez-vous donc prédit ?

— Écoute bien : depuis que le sire de Coarasse a fait place au prince de Navarre, on se croirait volontiers revenu à l'âge d'or.

— C'est vrai cela.

— Madame Catherine et madame Marguerite s'embrassent du soir au matin : le roi jure qu'il ne s'ennuie plus, la reine-mère accable le prince Henri de Bourbon de protestations d'amitié, et René lui fait une cour obséquieuse et lui demande pardon du matin au soir d'avoir tenté de l'assassiner.

— Et tout cela ne vous semble point d'un bon augure, Nancy ?

— Non, mon petit Raoul.

— Et vous avez fait des prédictions ?

— Justement.

— Ah ! fit Raoul d'un air curieux.

— J'ai prédit à madame Marguerite qu'elle se brouillerait au premier jour avec madame Catherine.

— Bien ! dit le page ; ensuite ?

— J'ai prédit au roi que René assassinerait ou empoisonnerait quelqu'un avant huit jours d'ici.

— Quelle singulière idée !

— Et j'ai prédit enfin au prince de Navarre qu'il éprouverait encore une foule de désagréments et peut-être bien des malheurs avant qu'il conduisît à l'autel madame Marguerite.

— Et qu'a répondu le prince ?

— Il m'a ri au nez.

— Bon ! et le roi ?

— Le roi a haussé les épaules,

— Très-bien ! et madame Marguerite ?

— Madame Marguerite a prétendu que j'étais folle.

— Avez-vous aussi une prédiction à me faire, Nancy ?

— A toi, Raoul ?

— A moi.

— Peut-être bien.

— Voyons !

Nancy eut un sourire moqueur sur les lèvres et dit :

— Je te prédis, Raoul, mon mignon, que tu feras un grand voyage d'ici à peu de temps.

— Allons donc !

— Un voyage dans le Midi.

— Parbleu ! dit Raoul, qui devint aussitôt rouge comme une cerise. J'irai en Navarre.

— Probablement le roi t'y enverra.

— Ce n'est pas cela, Nancy.

— Ah! ah!

— C'est moi qui demanderai à y aller.

— Pourquoi?

— Mais, dame! parce que le prince de Navarre y retournera.

— Belle raison!

— Et qu'il y emmènera sa femme, la princesse Marguerite.

— Hum! fit Nancy.

— Et que madame Marguerite vous emmènera...

Nancy ne put, à son tour, se défendre de rougir un peu.

— Va-t'en, mon petit Raoul, dit-elle, tu viens de manquer à toutes tes promesses.

— Hein? fit Raoul.

— N'a-t-il point été convenu entre nous, ajouta Nancy, que tu ne me parlerais jamais d'amour?

— Oui, tant que je serai page...

— Tu l'es encore.

— Mais voici que j'ai dix-huit ans.

— Déjà?

— Vienne la fin du mois, et je vais prier le prince de me prendre pour écuyer. Je vous aime trop pour rester page longtemps encore...

— Petit drôle! murmura Nancy menaçant Raoul du doigt... tu verras si je tiens ma promesse...

— Que m'avez-vous promis ?

— De te bouder pendant huit jours si tu te permettais encore de me dire que tu... m'aimes...

Raoul eut un excès d'audace. Il prit la petite main blanche et rose de la camérière et la portant à ses lèvres :

— Soit ! dit-il, boudez-moi quinze jours, si vous voulez, car j'ai péché deux fois de suite. Je vous aime!... je vous aime !...

Mais Nancy n'eut point le temps de commencer à mettre sa menace à exécution, un bruit lointain de fanfares se fit entendre.

En même temps une foule de populaire se montra dans l'éloignement et se prit à onduler comme les vagues de la mer entre la rivière et les maisons du vieux Paris. Nancy prit Raoul par le bras et le poussa vers le balcon.

— Viens donc regarder, dit-elle, je te bouderai demain.

Et les deux enfants, penchés à la croisée ogivale du vieux Louvre, attendirent avec impatience l'arrivée du cortége de madame Jeanne d'Albret, reine de Navarre.

Les fanfares mettaient le Louvre en rumeur.

Aussitôt qu'il les entendit, le roi Charles IX, qui se tenait prêt à monter à cheval, sauta en selle et sortit de la cour du Louvre entouré de ses gardes. Puis il mit son cheval au galop et rencontra le cortége sur la place du Châtelet.

— Nous sommes bien placés ici, n'est-ce pas, mon petit Raoul? disait l'espiègle Nancy.

— Nous verrons défiler tout le cortége.

— Attention! ajouta la camérière, qui redevenait enfant.

En effet, le cortége allait bientôt s'engouffrer sous les vastes voûtes du Louvre, et le spectacle était imposant.

Au milieu d'une foule de bourgeois qui se pressaient curieusement à l'entour s'avançait lentement la litière de madame Jeanne d'Albret, portée par quatre belles mules rouges dont les harnais étaient garnis de clochettes. A la portière de droite chevauchaient le prince Henri de Bourbon et M. de Pibrac.

A la portière de gauche étaient M. de Crillon et Noë.

Le roi, en abordant la litière, avait mis pied à terre, et il était monté auprès de la reine Jeanne, à qui il avait fort galamment baisé les mains.

En avant et en arrière de la litière, marchaient les gardes du roi et les trente officiers et gentilshommes qui formaient l'unique escorte amenée par la reine de Navarre.

Quand la litière arriva à la grand'porte du Louvre, verticalement au-dessus de laquelle était la fenêtre que Nancy et Raoul avaient choisie pour leur poste d'observation, la camérière dit au page :

— Maintenant, varions un peu nos plaisirs.

— Comment cela ?

— Viens toujours.

Elle prit Raoul par la main et lui fit longer le corridor dans toute sa longueur, si bien qu'elle arriva à une autre croisée.

Celle-là donnait sur la cour du Louvre, et précisément au-dessus de l'entrée principale.

— As-tu de bons yeux, Raoul ? demanda Nancy.

— Des yeux de faucon.

— Très-bien. Alors tu vas bien regarder la reine de Navarre, au moment où elle descendra de sa litière.

— Pourquoi ?

— Mais uniquement pour voir comment elle est : j'ai la vue basse.

Nancy exagérait peut-être bien un peu, car elle venait de remarquer fort distinctement au-dessous d'elle madame Catherine et madame Marguerite, qui se trouvaient au haut du grand perron, vêtues de leurs plus beaux atours. Autour d'elles les dames de la cour se pressaient et attendaient avec la plus vive anxiété que la reine Jeanne apparût.

Enfin la litière s'arrêta.

Le roi Charles IX descendit le premier et offrit son poing, — ce qui était la mode du temps, — à madame Jeanne d'Albret.

La reine de Navarre sortit à son tour de sa litière et provoqua l'admiration générale.

De même qu'on s'était attendu à la cour de France, au lieu de l'élégant et spirituel sire de Coarasse, à voir dans le prince Henri de Bourbon une sorte d'ours mal léché, un prince paysan et chasseur, vêtu de bure et sentant l'ail, — de même on s'était figuré que madame Jeanne d'Albret, qui était une des têtes de colonne du parti calviniste, avait le physique de l'emploi.

C'est-à-dire que c'était une grande femme sèche, maigre, aux vêtements grossiers, à l'air austère, à la démarche raide et puritaine.

On s'était trompé à la cour de France. La reine de Navarre était jeune, beaucoup plus jeune que son âge ; elle avait trente-neuf ans et en paraissait trente à peine ; elle était belle comme une vraie Béarnaise, — elle avait l'œil noir et vif, la lèvre rouge, la chevelure d'ébène aux boucles luxuriantes.

Quand on la vit auprès de Henri de Bourbon, son fils, on la prit pour sa sœur aînée.

Elle s'avança vers madame Catherine, qui descendit elle-même les premières marches du perron, avec l'aisance et la dignité d'une femme de race; elle donna sa main à baiser à la princesse Marguerite, qu'elle considéra sur-le-champ et par ce seul fait comme sa bru, et monta les degrés du perron appuyée sur le roi.

— Hé! mais, dit Nancy en se penchant à l'oreille de Raoul, décidément on est moins arriéré que je ne le croyais à la cour de Navarre.

— C'est mon avis, dit Raoul.

— Et la reine Jeanne est ajustée avec une élégance du meilleur goût.

. . . .

Il y avait au Louvre une grande salle qu'on nommait déjà la Salle du Trône et dans laquelle on avait coutume de recevoir les princes et les têtes couronnées. C'était là que, par ordre de Charles IX, on avait dressé la table du festin réservée à la reine de Navarre.

La reine Jeanne y prit place à la droite du roi.

Madame Catherine, placée vis-à-vis de Charles IX, avait à sa droite le prince Henri de Bourbon.

Le roi mit à sa gauche la princesse Marguerite.

La reine-mère plaça pareillement M. de Crillon à sa gauche.

Nancy, que son humble situation n'autorisait point à s'asseoir à la table royale, continua à caqueter dans un coin de la grande salle avec le page Raoul.

Raoul disait :

— Je crois décidément que madame Catherine a pardonné très-franchement au sire de Coarasse.

— Hum! fit Nancy d'un air mystérieux, vraiment? tu le crois ?

— Ne voyez-vous pas quel air souriant elle a?

— Quand la reine sourit, c'est mauvais signe.

— Bah !

Un gentilhomme vint à passer dans un coin de la salle.

C'était René.

René rentré en grâce, redevenu favori depuis que le prince de Navarre lui avait pardonné, René, disons-nous, revenait au Louvre de plus belle, et les courtisans continuaient à le saluer.

Cependant, contre son habitude, il était devenu poli, presque humble; il souriait au plus petit gentillâtre, il donnait la main au moindre page.

Nancy poussa Raoul du coude:

— Regarde ! dit-elle.

Raoul vit René échanger un rapide regard avec la reine et passer sans s'arrêter.

Le sourire de Catherine n'abandonna point ses lèvres, mais un éclair jaillit de ses yeux.

Nancy surprit cet éclair.

— Le sire de Coarasse n'est pas mort, murmura-t-elle.

Et comme Raoul ne comprenait point, elle ajouta :

— La reine n'a point pardonné.

— Cependant, observa Raoul, le prince Henri épousera madame Marguerite?

— Sans doute, mais...

Sur ce *mais...* Nancy s'arrêta, puis reprit brusquement :

— Tu es trop jeune, mon petit Raoul, pour rien comprendre à la politique.

— Ah! bah!

— Tiens, ajouta Nancy, il y a maintenant quelqu'un à cette table que la reine-mère hait bien plus violemment que le prince Henri de Bourbon.

— Et qui donc?

Raoul posa cette question d'un air étonné.

— C'est la reine de Navarre.

L'étonnement de Raoul devint de la stupéfaction.

— Pourquoi cela ? dit-il.

— Pourquoi ? mais parce qu'elle a quarante ans et en paraît trente, alors que madame Catherine, qui en a quarante-cinq, les porte majestueusement.

— Oh ! quelle idée !

— Raoul, mon mignon, dit Nancy, j'avais bien raison de supposer que tu n'entendais rien à la politique.

— Et moi, dit Raoul, je crois, ma chère Nancy, que vous voyez tout en noir.

— Chut ! fit Nancy, écoute...

En ce moment, en effet, la reine-mère disait à madame Jeanne d'Albret, reine de Navarre :

— Madame ma sœur et cousine, je vous ai gardé l'étrenne de l'hôtel que je fais bâtir rue du Jour. Vous serez la première à l'habiter, et il est tout prêt à vous recevoir.

La reine de Navarre s'inclina.

Au même instant, René traversa de nouveau la salle du festin et échangea un second regard avec la reine Catherine.

Alors Nancy se pencha une fois encore à l'oreille de Raoul :

— La reine de Navarre, dit-elle lentement, est en péril de mort !...

IX

L'hôtel que madame Catherine de Médicis faisait alors construire rue du Jour ou de Beauséjour, et qui devait plus tard s'appeler l'hôtel de Soissons, était déjà, bien que non achevé encore, une véritable merveille.

Aux heures où la politique et les querelles de religion laissaient en repos son esprit inquiet, la reine-mère redevenait la fille des Médicis, c'est-à-dire la femme délicate, aimant les arts et les lettres, adorant les tableaux, les statues, les merveilles architecturales.

L'aile gauche de l'hôtel Beauséjour avait été préparée tout exprès pour recevoir madame Jeanne d'Albret, reine de Navarre.

Il se passait peu de jours, depuis environ un mois, que madame Catherine ne s'y fît porter en litière, afin de surveiller elle-même les travaux de ses architectes, et chaque fois elle ne manquait point de dire :

— Ma sœur et cousine la reine de Navarre, qui est une vraie paysanne et s'assied sur un escabeau de sapin dans son château de Nérac ou dans sa bicoque de Pau, est capable de se déchausser en entrant ici, de peur de gâter le parquet avec ses gros souliers à têtes de clous.

La mise élégante, la tournure hautaine et pleine de dignité de Jeanne d'Albret, avaient détrompé madame Catherine.

La reine de Navarre était femme de cour ; elle avait vécu à Madrid, auprès du roi Philippe II ; elle avait assisté au coucher du soleil de ce grand règne que les Espagnols nomment encore le siècle de Charles-Quint.

Il avait suffi aux deux reines d'échanger un regard pour se deviner et se connaître.

— J'ai là une adversaire digne de moi, pensa Catherine.

— La reine Catherine, pensa Jeanne d'Albret, est bien la femme qu'on m'a dépeinte. Je vais être chez elle comme en un camp ennemi.

Ce fut vers dix heures du soir environ que le roi Charles IX et toute sa cour accompagnèrent la reine de Navarre à l'hôtel Beauséjour.

Jeanne s'était montrée d'une amabilité charmante, déployant cet esprit fin, délicat et parfois un peu leste de la reine Marguerite de Navarre, sa mère.

Charles IX en avait été ravi et lui avait dit en lui baisant la main :

— Je voudrais être, madame, Pierre de Ronsard, mon poëte, à la seule fin de célébrer dignement votre esprit et votre beauté.

Les seigneurs de la cour avaient chuchoté entre eux :

— Décidément, il y a de plus belles manières qu'on ne le pensait à la cour de Nérac.

Enfin madame Marguerite, se penchant à l'oreille de madame Catherine, lui avait dit :

— Je crois maintenant que je ne m'ennuierai pas trop à Nérac.

La suite de la reine Jeanne était à l'avenant.

C'étaient des garçons d'esprit, jeunes pour la plupart, portant haut la tête, tournant une galanterie le mieux du monde et qui s'étaient mis à regarder les dames de la cour de France avec des yeux amoureux et pleins de feu.

A telle enseigne que Charles IX, frappant sur l'épaule de son capitaine des gardes lui dit en quittant la table :

— Pibrac, mon ami, l'invasion de tes compatriotes va causer de grandes perturbations à ma cour.

— C'est bien possible, Sire.

Et M. de Pibrac, après ces mots, avait gardé un silence diplomatique.

Arrivée à l'hôtel Beauséjour, la reine Jeanne fut conduite par madame Catherine elle-même dans sa chambre à coucher, et la reine-mère ne se voulut retirer que lorsqu'elle lui eût donné ses propres camérières.

La reine de Navarre n'avait emmené que des hommes, se réservant de choisir à Paris des femmes pour son service.

Jeanne d'Albret demeura seule avec son fils le prince Henri et Noë, lorsque la reine-mère et le roi se furent retirés.

Le prince avait hâte de causer enfin avec sa mère, à laquelle il avait eu le temps à peine de raconter en quelques mots comment il avait été contraint de trahir enfin son incognito.

La reine de Navarre se renversa à demi dans un grand fauteuil, et invita d'un geste les deux jeunes gens à s'asseoir.

— Voyons, mes enfants, dit-elle, causons un peu, s'il vous plaît?

Noë laissa errer sur ses lèvres ce sourire moqueur qui retroussait si bien sa blonde moustache.

— Ah! madame, dit-il, si Votre Majesté demande le récit complet de nos aventures, elle pourrait bien passer la nuit blanche.

Jeanne sourit à son tour, enveloppant son fils d'un regard affectueux.

— Vraiment! dit-elle.

— Nous avons recommencé l'histoire des paladins, madame.

— Noë exagère, madame, dit le prince à son tour.

— Et, poursuivit Noë, Henri a trouvé le moyen de se faire aimer du roi, de madame Marguerite, et de se faire haïr de la reine-mère.

Jeanne d'Albret fronça le sourcil.

— C'est un grand tort, dit-elle.

— Mais, reprit Noë, nous avons un ennemi bien plus acharné encore...

— Qui donc?

— René le Florentin.

— Pibrac m'en a parlé souvent dans ses lettres; c'est un méchant homme, dit la reine.

— Un empoisonneur, ajouta Noë.

Jeanne d'Albret tressaillit, un nuage passa sur son front.

— Noë, mon mignon, dit-elle, fais-moi une grâce...

— J'écoute Votre Majesté.

— Ne parle jamais de poison ni d'empoisonneurs devant moi.

Noë et le prince regardèrent Jeanne d'Albret avec étonnement.

— On m'a toujours dit que je mourrais empoisonnée.

— Ah! madame!

Henri eut un fier sourire.

— Et qui donc oserait? fit-il.

— Mais, continua la reine, laissons tout cela et racontez-moi vos prouesses, mes enfants.

En parlant ainsi, cette jeune mère, qui avait plutôt l'air d'une sœur aînée, leur avait pris la main à tous les deux.

— Ma foi! dit Henri, j'ai toujours trouvé que Noë s'exprimait avec éloquence, et je vais lui laisser le soin de narrer notre odyssée.

— Parle, Noë mon mignon, dit Jeanne d'Albret.

Noë regarda le prince d'une façon qui voulait dire :

— Dois-je parler... de tout?

Le prince hocha affirmativement la tête.

Alors Noë raconta leur visite au château de madame Corisandre, comtesse de Grammont, et la dernière entrevue de Henri avec elle, ce qui fit froncer légèrement le sourcil à la reine, puis le départ de Nérac et la rencontre qu'ils firent quelques jours après de la belle argentière et de René le Florentin.

Noë racontait vite et bien.

En dépit de la menace qu'il avait faite à la reine de lui faire passer une nuit blanche si elle voulait tout savoir, il lui raconta tout en moins de deux heures.

L'horloge florentine placée dans un coin de la chambre à coucher marquait minuit lorsqu'il eut terminé son récit.

La reine avait écouté attentivement, froidement, sans jamais interrompre le narrateur ; mais Henri, qui suivait du regard les moindres tressaillements de son visage, demeura bien vite convaincu que toutes ses aventures lui causaient un grand souci.

Jeanne d'Albret garda le silence un moment encore.

— Mon fils, dit-elle enfin, voulez-vous savoir mon avis ?

— J'écoute Votre Majesté.

— L'amitié du roi, l'amour de madame Marguerite, mis dans une balance, pèseraient moins que la haine de la reine-mère.

— Mais, madame, observa le prince, Noë, qui voit tout en noir, a oublié de vous dire que madame Catherine a pardonné au prince Henri de Bourbon les mauvais tours du sire de Coarasse.

Jeanne hocha la tête.

— Catherine de Médicis ne pardonne jamais, dit-elle.

— Elle est charmante pour moi...

— Mauvais signe, murmura Noë.

— Mais enfin, madame, reprit le prince avec un mouvement d'impatience à l'adresse de Noë, puisque je dois épouser la princesse... je ne vois pas quel motif de haine madame Catherine peut conserver.

Jeanne d'Albret ne répondit point tout d'abord. Un moment silencieuse, la tête dans ses mains, on eût dit qu'elle cherchait à interroger l'avenir.

— Écoutez, mon fils, dit-elle tout-à-coup, écoutez attentivement ce que je vais vous dire, et vous comprendrez peut-être bien des choses.

Henri regarda sa mère d'un air interrogateur.

— Savez-vous pourquoi, poursuivit Jeanne d'Albret, la reine-mère a désiré ce mariage ?

— Oui : c'est pour éloigner le duc de Guise le plus possible du trône de France.

— Cela est vrai, mon fils. La maison de Lorraine et la maison de Bourbon sont, à un simple degré de différence, les plus rapprochées de la couronne. La maison de Valois, cette maison représentée par trois jeunes princes, est une maison perdue, morte par avance.

Henri tressaillit.

— Le roi Charles IX, en dépit de ses vingt-trois ans, est déjà un vieillard... Il a des lueurs morbides dans l'œil, il a des nuages de mort sur le front.

— Ah ! ma mère !...

— Le roi Henri de Pologne ne règnera peut-être jamais...

— Que dites-vous, ma mère ?

— S'il abandonnait un jour Varsovie, pour venir régner à Paris, les Polonais seraient gens à l'assassiner.

— Et de deux ! fit Noë gravement.

— Reste le duc d'Alençon, François de Valois, un vieillard de vingt ans, un homme perdu de débauches, un prince toujours entre deux vins, cruel et vindicatif comme sa mère... Oh ! celui-là, dit la reine de Navarre obéissant à un mystérieux pressentiment, celui-là, je vous le jure, ne règnera jamais !

La reine tressaillit au moment où elle prononçait

ces paroles, car il lui sembla avoir entendu un léger bruit derrière elle.

— Qu'est-ce ? fit-elle en se levant.

Henri et Noë n'avaient rien entendu, mais ils se levèrent à leur tour, parcoururent la chambre, ouvrirent la porte et s'assurèrent que la salle voisine était déserte.

— Il m'a semblé qu'on remuait un siége, là... derrière moi... Mais j'aurai été victime d'une illusion. C'est un bruit du dehors sans doute, dit la reine.

Elle se rassit.

— Continuez, ma mère, dit Henri.

. . . .

. . . .

Or, pour expliquer peut-être de quelle nature était le bruit que la reine de Navarre avait entendu, il est nécessaire de revenir un peu en arrière et de donner quelques détails topographiques sur l'hôtel Bauséjour.

A deux pas de cet hôtel s'élevait une humble maison qui paraissait tomber en ruine et qui était inhabitée.

L'architecte de Catherine avait tout d'abord émis l'avis, lorsqu'on avait jeté les premières fondations de l'hôtel, qu'il fallait raser cette bicoque.

Mais la reine, sans s'expliquer tout d'abord, s'y était opposée.

Cependant elle avait acheté la maison et l'avait donnée à René le Florentin.

Puis, sans doute, quelque temps après, l'architecte avait eu quelque conférence secrète avec madame Catherine, et était demeuré convaincu de l'utilité mystérieuse de cette masure, car il n'avait plus parlé de la jeter bas.

René le Florentin aurait même pu dire que la reine tenait à cette maison lézardée autant et plus peut-être qu'à son palais où elle entassait des chefs-d'œuvre et des merveilles.

A la rigueur, le Florentin eût raconté l'histoire de cette maison.

Cette histoire était assez bizarre, et se rattachait étroitement à celle des terrains sur lesquels venait de surgir l'hôtel Bauséjour.

Ces terrains avaient été un *jeu de paume;* avant d'être jeu de paume, ils étaient les jardins d'un couvent de carmes déchaussés, que le roi Charles VI fit raser lorsqu'il accorda à ces religieux un emplacement plus vaste du côté du palais des Tournelles. Le dernier prieur de ce couvent était un bel homme qu'on nommait messire Pandrille Bourju de Thévenot.

Le prieur était jeune et galant. Il était entré au couvent malgré lui, et avait conservé un violent amour pour une veuve fort belle qu'on nommait la dame de Mellero.

La dame de Mellero ayant fait bâtir la maison qui, sous le règne de Charles IX, tombait en ruines, le prieur avait fait creuser un souterrain qui conduisait des caves du couvent aux caves de cette maison.

Lorsque le roi Charles VI ordonna que le couvent serait rasé, la dame de Mellero était morte. Le prieur, devenu vieux, ne songeait plus qu'à son salut dans l'autre monde et à sa réputation de saint homme en celui-ci.

Il fit donc boucher fort adroitement le souterrain, et ce ne fut que deux siècles plus tard que cette issue fut découverte, lorsqu'on creusa la fouille de l'hôtel Beauséjour.

Madame Catherine de Médicis, avertie la première de cette découverte, pénétra elle-même avec René dans le souterrain, le parcourut et arriva dans les caves de la vieille maison.

Or, madame Catherine avait toujours trop aimé les souterrains, les passages secrets, les couloirs mystérieux, les doubles murailles et les planchers creux, pour ne point sacrifier un peu d'élégance à ce qu'elle considérait comme de l'utilité. La maison fut conservée. Donc, le soir où madame Jeanne d'Albret prit possession de l'hôtel Beauséjour, madame Catherine, après l'avoir reconduite, rentra au Louvre dans sa litière, en compagnie du roi et de la cour.

Puis elle se retira dans ses appartements, et signifia à ses pages qu'on la laissât dormir et qu'on ne la vînt déranger sous aucun prétexte.

Seulement, au lieu de se mettre au lit, la reine se déshabilla, quitta ses vêtements de gala et endossa le pourpoint et les chausses d'un gentilhomme à ses couleurs.

Après quoi elle s'enveloppa dans un grand manteau, enfonça un feutre sur ses yeux et descendit, par le petit escalier que nous connaissons, au bord de l'eau.

La nuit assez sombre lui permit de faire le tour du Louvre sans attirer l'attention des gentilshommes et des soldats qui sortaient de la royale demeure.

Elle traversa la place Saint-Germain-l'Auxerrois, gagna d'un pas rapide les environs de l'hôtel Beauséjour et alla frapper à la porte de cette maison que l'on croyait inhabitée.

La porte s'ouvrit, la reine entra.

— Est-ce vous, madame ? dit une voix dans les ténèbres.

— Oui, c'est moi.

Un homme s'avança.

— Est-ce toi, René? demanda Catherine à son tour.

— Lui-même.

René prit la reine par la main et lui dit :

— Suivez-moi, madame. Il sera temps de battre le briquet quand nous serons dans la cave. Ces diables de Gascons qui ont envahi l'hôtel avec madame Jeanne d'Albret, savent déjà que la maison est abandonnée, un rayon de lumière leur donnerait l'éveil.

— Conduis-moi, je te suis.

René fit faire quelques pas à la reine, au milieu d'une obscurité profonde, puis il se baissa et souleva une trappe.

— Voici l'entrée, dit-il.

— Bien. J'y suis...

— Avancez le pied sur la première marche et descendez hardiment. Je vous soutiens, madame.

La reine descendit une trentaine de degrés environ, puis elle rencontra sous ses pieds une surface plane, respira un air humide, et comprit qu'elle se trouvait à l'entrée du souterrain.

Alors Renée battit le briquet et alluma une lanterne.

— Oh! fit la reine avec un sourire, allons vite !

je ne suis pas fâchée de savoir ce que dit et pense cette reine de Navarre, que je hais déjà de tout mon cœur.

— Vraiment? fit René.

Catherine eut un sourire diabolique.

— Elle est belle... elle est intelligente, et j'ai lu une résolution et un courage indomptables dans son regard... Ce n'est pas ce que je voulais! dit-elle...

Puis elle entra bravement dans le souterrain, guidée par René, qui marchait en avant, muni de sa lanterne.

X

Le souterrain creusé par les ordres de l'abbé Pandrille Bourju de Thévenot avait environ deux cents mètres de longueur et passait sous les jardins de l'hôtel Beauséjour.

Sur l'emplacement de son ancienne issue dans le couvent, madame Catherine avait fait élever un mur très-épais, et, dans l'épaisseur de ce mur, l'architecte avait ménagé un petit escalier de deux pieds de largeur qui montait jusqu'au premier étage de l'hôtel et aboutissait à un couloir également pratiqué dans la profondeur des murs de refend.

Ce couloir conduisait lui-même à diverses petites cellules contiguës à différentes pièces de l'hôtel.

Madame Catherine avait prévu le cas où elle céderait son hôtel à quelque roi, quelque prince ou quelque ambassadeur dont elle voudrait surprendre les secrets.

L'une de ces cellules ressemblait assez à ce corridor mystérieux que M. de Pibrac avait découvert au Louvre et du fond duquel il avait pu souvent épier ce qui se passait dans l'oratoire de madame Marguerite.

Il s'y trouvait un siége unique sur lequel la reine Catherine s'assit sans bruit, tandis que René demeurait debout derrière elle et soufflait prudemment sa lampe.

Alors les yeux de la reine furent frappés par un rayon de lumière passant par un petit trou pratiqué dans le mur. Ce trou se perdait dans le cadre sculpté d'un tableau placé au-dessus d'une chaise longue, dans la chambre si merveilleusement décorée que venait d'occuper la reine de Navarre.

Madame Catherine colla son œil à cet orifice et aperçut madame Jeanne d'Albret assise, ayant auprès d'elle le prince Henri son fils et Noë, qui terminait alors le récit de leurs aventures.

René et la reine immobiles, retenant leur haleine, se prirent à écouter.

La reine entendit madame Jeanne d'Albret manifester ses craintes à l'endroit de la haine qu'elle ressentait, elle, Catherine, pour Henri.

— Oh! oh! pensa-t-elle, elle m'a devinée.

Puis elle sentit quelques gouttes de sueur perler à son front lorsque la reine de Navarre dit tout à coup :

— La maison de Valois est une maison perdue, morte par avance.

Mais, quand enfin Jeanne d'Albret se fût écriée : « Le duc d'Alençon, ce prince cruel et vindicatif, perdu de débauches, ce vieillard de vingt ans, ne régnera jamais! » quand elle eût entendu cette sinistre prophétie, la reine Catherine éprouva un saisissement tel qu'elle fit un soubresaut sur son siége.

Le siége agité fit crier le parquet et occasionna ce bruit qui avait inquiété la reine de Navarre.

Heureusement, madame Catherine avait la faculté de réprimer promptement ses plus violentes émotions, et déjà elle avait reconquis tout son sang-froid lorsque Henri de Bourbon eut dit à sa mère :

— Continuez, madame.

Madame Catherine se rassit sans bruit et écouta attentivement.

. . . .

— Oui, mon fils, reprit la reine de Navarre, souvenez-vous que les deux maisons de Lorraine et de

Bourbon sont plus près qu'on ne pense du trône de France.

Henri tressaillit.

— La reine-mère, poursuivit Jeanne d'Albret, a dû en éprouver le pressentiment. Les Valois, — ces trois hommes jeunes et pleins de vie en apparence, — les Valois sont des vieillards caducs qui s'éteindront un à un sans postérité.

— Eh bien! retenez ceci, mon fils, il est deux races qu'exècre madame Catherine, c'est la nôtre et celle de Guise, — ce sont les deux races rivales qui se disputeront peut-être un jour le trône.

— Mais alors... ce mariage ?...

— Ah! ce mariage, continua Jeanne d'Albret, c'était pour madame Catherine, il y a quelques jours encore, un moyen d'abaisser, d'amoindrir la maison de Guise. La reine-mère craignait les Lorrains.

— Et.... nous ?

— Nous, elle ne nous craignait pas, nous étions de bons roitelets des montagnes, sans argent, sans armée, sans autre ambition que celle d'agrandir un peu du côté de l'Espagne nos frontières navarraises. Pour madame Catherine, un prince huguenot pouvait être impunément et sans danger même le cousin du roi de France, tout en étant une manière d'épouvantail pour la maison de Lorraine.

Mais, continua Jeanne d'Albret, vous êtes venu à la cour de France sous le nom de sire de Coarasse et, en quelques jours, vous avez su y prendre une attitude indépendante et presque hostile. Vous vous êtes fait l'ennemi irréconciliable de madame Catherine et de René, ces deux vrais rois de France...

Mais, dit encore Jeanne d'Albret, madame Catherine, qui s'attendait à trouver en moi une manière de puritaine vêtue de bure, voit venir une princesse jeune encore, qui parle le langage des cours, et dont le regard et l'attitude annoncent une certaine politique...

Alors, mon fils, elle commence à nous craindre et par conséquent à nous haïr.

— Croyez-vous donc, ma mère, interrompit Henri, qu'après avoir tant souhaité ce mariage, la reine Catherine cherchera à le rompre?

— Non, elle n'osera pas, mais...

Jeanne s'arrêta.

— J'écoute, ma mère, dit Henri.

— Mais, reprit Jeanne d'Albret, elle est femme à vous faire assassiner le lendemain de vos noces.

— Oh! ma mère!

La reine de Navarre se tut et demeura longtemps pensive.

— Bah! dit-elle tout-à-coup, et comme si lelé

eût obéi une fois encore à une vague révélation de l'avenir, les hommes ont leur destinée!

— Je le crois, ma mère!

— Et, ajouta-t-elle, quelque chose me dit que la maison de Bourbon est destinée à un grand avenir.

— Qui sait? fit Henri, qui eut un tressaillement d'orgueil.

Jeanne d'Albret jeta un long, un tendre, un fier regard sur son fils :

— Tu seras roi de France! dit-elle.

Et, comme si elle se fût repentie d'être allée aussi loin, elle ajouta vivement :

— Mais va-t'en, mon fils, laisse-moi me mettre au lit... Je te manderai demain à mon réveil.

Elle donna sa main à baiser aux deux jeunes gens et les congédia.

. . . .

Madame Catherine avait tout entendu et, plus d'une fois, elle avait frissonné.

René lui même avait eu peur.

— Madame, dit-il tout bas en se penchant à son oreille, avez-vous entendu?

— Tout.

— Quelle femme!...

— Sortons, murmura Catherine, j'étouffe ici.

Et prenant la main de René, elle se glissa hors

de la cellule, reprit le couloir et l'escalier secret, et dix minutes après ils étaient au bout du souterrain et prenaient les mêmes précautions minutieuses pour en sortir.

— Écoute ! dit alors madame Catherine, les murs ont parfois des oreilles et je veux te dire de ces choses que nul au monde, excepté toi, ne doit entendre.

— Où aller ? demanda René.

— Là, au bord de l'eau, en face du Louvre.

— Allons, madame.

La reine était bien certaine que dans son costume de gentilhomme elle n'éveillerait aucun soupçon, et elle prit familièrement le bras de son parfumeur.

D'ailleurs, nous l'avons dit, la nuit était noire, et la foule inusitée de soltats, de cavaliers et de populaire que l'arrivée de la reine de Navarre avait mise sur pied toute la nuit, s'était dissipée.

René et Catherine descendirent sur le talus gazonné de la berge, et ne s'arrêtèrent qu'au bord de l'eau. Là, ils regardèrent en tous sens et s'assurèrent de leur isolement.

— Madame, dit alors René, je vous écoute.

La reine s'assit sur une barque de pêcheur qu'on avait tirée sur la berge après l'avoir renversée, et, malgré l'obscurité, le Florentin put se convaincre que son regard lançait des flammes.

— Elle est en courroux! pensa-t-il, et elle me reprend pour son confident. Ma faveur est plus grande que jamais.

— René, dit madame Catherine, j'ai fait fausse route.

— En quoi, madame?

— En ce que j'ai voulu marier ma fille Marguerite au prince Henri de Bourbon.

— On peut rompre encore...

— Non, il est trop tard.

— Pourquoi?

— Il est trop tard parce que le roi est entêté, et que, après tout, il est le roi...

— Si le roi avait comme nous entendu la reine de Navarre...

— Il ne l'a pas entendue, et si je lui rapportais ses paroles, il ne me croirait pas...

— Peut-être...

— D'ailleurs Marguerite aime le prince, et je ne me sens pas assez forte, murmura sourdement la reine, pour lutter ouvertement à la fois contre le roi et Marguerite.

— Cependant, madame...

— Tais-toi et écoute...

René comprit que la reine avait quelque projet et se tut sur-le-champ.

— Tu l'as entendu, reprit-elle; tu l'as bien entendu, elle a prédit à son fils qu'un jour il serait roi de France !

— Elle est folle...

— Non, elle est dangereuse, elle est redoutable, cent fois plus que les Guises dont je me défiais.

— Mais le roi vit, le roi de Pologne et le duc d'Alençon aussi...

— Qui sait, fit la reine avec une émotion subite, qui sait si on ne hâtera point leur fin ?...

— Oh ! madame !

— René, René ! murmura Catherine, ce n'est pas le prince Henri de Bourbon que je crains, c'est sa mère... Oh ! nos regards se sont croisés, et le mien est descendu jusqu'au fond de son âme, et j'ai compris que cette femme avait mis en sa tête de faire du royaume dérisoire de son fils un grand royaume, et à la façon dont elle contemplait le Louvre, il m'a semblé qu'elle s'y trouvait chez elle... Eh bien ! vois-tu, René, cela ne peut être, cela ne sera pas...

— Certes non ! dit le Florentin.

— Plutôt substituer un simple gentilhomme au dernier de mes fils, plutôt élever un bâtard sur le pavois, plutôt brûler Paris et laisser le royaume sans maître et abandonné aux horreurs de la guerre civile, que voir un Bourbon ou un Guise monter sur le trône.

— Je suis de votre avis, madame, dit René, qui haïssait cordialement Henri.

— Ah! reprit Catherine, moi qui, depuis vingt ans, dicte des lois à l'Europe ; moi qui ai fait trembler Philippe II, je viens d'avoir peur en face de cette femme ; je me suis sentie frémir en présence de cette reine des montagnes qui s'est faite l'apôtre d'une religion nouvelle, et qui, à l'aide de cette religion, a recruté déjà des nuées de partisans en mon propre royaume... René, j'ai peur...

Et Catherine, en parlant ainsi, éprouvait une réelle et sérieuse émotion. René se taisait.

— Ce n'est pas Henri de Bourbon que je craindrais, reprit la reine, si sa mère n'était pas là pour le conseiller et le guider ; il est galant... c'en est assez pour qu'on le tienne longtemps en bride, mais elle!...

René commençait à comprendre.

— Ordonnez, madame, dit-il, j'obéirai.

— Je n'ai rien à ordonner, répondit Catherine, mais je te vais rappeler un souvenir.

— J'écoute, madame.

— J'ai fait un serment au prince Henri il y a huit jours.

— Je le sais.

— Le serment que tu n'attenterais ni à sa vie, ni à celle de Sarah l'argentière, non plus qu'à celle de Noë et de M. Pibrac.

— Et je n'aurai garde de le faire, madame.

— Tu auras raison, car je tiens à mes serments, mais...

La reine hésita; René, silencieux, attendit.

— Mais, reprit-elle enfin, il est une personne dont le prince a oublié de sauvegarder la vie.

René tressaillit.

— Je comprends, dit-il.

— Alors pas un mot de plus, et fais ce que tu voudras.

— Je le ferai, madame.

— Cependant, écoute un conseil.

René regarda la reine.

— Le poignard est une arme vulgaire et je t'engage à trouver mieux.

— Madame, répondit René, j'ai découvert, en faisant des expériences d'alchimie, un poison merveilleux.

— Ah! ah! dit la reine.

— Un poison qui ne laisse aucune trace.

— Ceci est ton affaire... adieu...

Et la terrible reine quitta brusquement René et reprit le chemin du Louvre.

. . . .

René demeura longtemps assis sur la quille du bateau, en proie à une rêverie profonde.

Puis enfin il se leva.

— Allons voir Paola! se dit-il, j'ai de vastes projets en tête...

Il se remit en marche et se dirigea vers le Pont-au-Change.

Comme il arrivait sous la lanterne placée à l'entrée, il aperçut une masse confuse accroupie dans un coin.

En même temps une voix jeune, une voix de femme murmura :

— Mon gentilhomme, ayez pitié d'une pauvre fille qui meurt de faim et ne sait où aller demander asile.

La masse confuse s'agita, se redressa, et René vit devant lui, grâce à la lueur vacillante de la lanterne, une jeune femme en haillons, mais d'une grande beauté, qui lui tendait humblement la main.

— Vraiment! ma belle enfant, dit René, tu meurs de faim?

— Je n'ai pas mangé depuis deux jours.

Le Florentin n'était point charitable d'ordinaire,

mais il venait d'éprouver une grande joie en recevant les ordres ténébreux de Catherine, et cette joie le rendit généreux.

— Tiens, ma belle enfant, dit-il en fouillant dans sa poche pour y chercher son escarcelle, je vais te donner un écu d'or pour que tu puisses dire que René le Florentin est un seigneur charitable et compatissant.

— Ah! dit la mendiante, vous êtes messire René?

— Sans doute, reprit le parfumeur qui ne s'aperçut point que la jeune fille dardait sur lui un ardent regard.

— Messire René, le parfumeur de la reine?...

— Il n'y a qu'un René au monde, répondit-il.

Puis il se baissa un peu pour mieux voir dans son escarcelle.

Mais au même instant la mendiante tira brusquement de son sein un poignard dont la lame, frappée par la clarté de la lanterne, jeta un fauve éclair :

— Ah! bandit! s'écria-t-elle, voici la quinzième nuit que je t'attends ici.

Et elle frappa René tout étourdi avant qu'il eût songé à faire un pas de retraite et à se mettre sur la défensive.

. . . .

XI

Tandis que la reine-mère et son âme damnée René le Florentin quittaient furtivement la cellule d'où ils avaient entendu madame Jeanne d'Albret s'exprimer aussi nettement sur l'avenir, Henri et Noë sortaient de chez la reine de Navarre.

Comme l'avait fort bien dit René, les Gascons que la reine Jeanne amenait avec elle avaient pris possession de l'hôtel Beauséjour et l'avaient pour ainsi dire converti en place forte.

Une dizaine s'étaient établis au rez-de-chaussée, posant des sentinelles aux portes.

Dix autres s'étaient fait dresser des lits de camp.

Enfin les dix derniers avaient formé une sorte de

garde dans les deux salons qui précédaient la chambre à coucher de leur souveraine.

— Allons, dit le prince en souriant et donnant des poignées de main aux gentilshommes béarnais, je le vois, ma mère peut dormir tranquille, elle sera bien gardée cette nuit.

— Oh! certes, monseigneur, dit un vieux soldat qui retroussa fièrement sa moustache grise.

— Et, ajouta un jeune homme avec la forfanterie des fils du Midi, je ne conseille point au roi Charles IX de nous venir attaquer : nous lui ferions un mauvais parti.

— Paix, Navailles, murmura le prince, riant toujours. Sois sage, mon ami, si tu ne me veux brouiller avec mon cousin le roi de France.

Henri prit le bras de Noë et traversa la salle.

— Ah ça! lui dit Noë, où allons-nous, mon prince?

— Prendre l'air.

— A cette heure?

— J'ai la migraine.

— Mais on nous a préparé un logis ici.

— Peuh! fit Henri d'un petit ton dédaigneux.

— Et à moins que vous ne préfériez allez coucher au Louvre...

— C'est une idée cela.

— Une idée que je suis trop prudent pour combattre.

— Plaît-il ?

— Dame ! madame Marguerite se couche for tard maintenant, et peut-être lui voulez-vous nar rer quelque conte pour l'endormir.

— Tu te trompes, Noë, mon bel ami, dit le princ en riant.

— Bah ! fit Noë.

— Je n'irai pas au Louvre.

— Hein ? Votre Altesse voudrait-elle coucher à la belle étoile ?

— Pas davantage. Je reviendrai coucher ici.

Noë ouvrait de grands yeux.

— Est-ce que vous n'aimez plus madame Marguerite ? demanda-t-il.

— Oh ! si... mais...

— Mais ?... fit Noë.

— Depuis deux jours, il me semble que... mon amour...

Henri s'arrêta.

— Eh bien ? insista Noë.

— Il me semble que mon amour est devenu plus raisonnable, acheva le prince.

— Oh ! oh !

— Plus calme, du moins.

— Bon ! je comprends.

Et Noë laissa glisser sur ses lèvres son sourire moqueur.

— Je comprends, poursuivit-il, d'où vient ce changement ?

— Et... d'où vient-il ?

— Il doit vous souvenir, Henri, que la veille de notre départ de Nérac, tandis que je vous accompagnais au dernier rendez-vous que vous aviez donné à cette pauvre comtesse de Grammont, vous m'exposâtes sur l'amour une fort belle théorie.

— Je ne m'en souviens nullement.

— Une théorie que vous aviez prise dans les contes de madame la reine Marguerite de Navarre, votre aïeule.

— Ma mémoire est infidèle.

— Madame la reine de Navarre disait, reprit Noë, que l'amour n'avait de charme...

— Que lorsqu'on y parvenait par un chemin malaisé et encombré d'obstacles, dit Henri qui se souvint.

— Eh bien ! continua Noë, madame la reine de Navarre avait raison.

— Heu ! heu !

— Vous aimiez bien plus la princesse Marguerite il y a huit jours.

— C'est possible.

— Alors que Nancy, vous prenant par la main, vous conduisait à travers de mystérieux corridors...

Henri soupira.

— Que vous entriez chez la princesse furtivement, tressaillant au moindre bruit, et que le poignard de René vous menaçait.

— Le péril a un charme si grand!

— Mais aujourd'hui le sire de Coarasse a fait place au prince Henri de Bourbon, qui entre au Louvre à toute heure de jour et de nuit; et que le prince Henri de Bourbon doit épouser madame Marguerite...

— Eh bien! fit le prince, que conclure de tout cela?

— J'en conclus que je sais où va Votre Altesse à cette heure.

— Ah! ah!

— Elle s'en va rôder dans la rue des Prêtres-Saint-Germain.

— Bavard!

— Aux environs de la boutique de l'épicier Jodelle.

— C'est vrai, et tu vas m'accompagner.

— Allons!

En parlant ainsi, les deux jeunes gens sortirent

de l'hôtel Beauséjour et gagnèrent la place Saint-Germain-l'Auxerrois. Noë jeta un long regard sur le cabaret de Malican et se prit à soupirer.

— Qu'as-tu ? demanda Henri.

— Je pense que Malican est un ours mal léché.

— Hein ? fit Henri étonné, voilà que tu vas médire de Malican, maintenant.

— Pas tout à fait.

— Ce pauvre homme qui nous est dévoué corps et âme.

— A vous, Henri.

— A vous aussi, Noë.

— Oh ! c'est par ricochet seulement.

— Mais enfin que t'a fait Malican ?

— Rien.

— Pourquoi donc en médire ?

— Parce qu'il a le tort d'être l'oncle de Myette.

— Tu trouves que c'est un tort ?

— Myette, qui a de petits pieds, de petites mains, qui est jolie à croquer, qu'on jurerait être une fille de race...

— Que tu aimes...

— Et dont je ferais bien la comtesse de Noë si elle avait le moindre parchemin dans son tablier rouge.

— Bah ! dit Henri, qu'à cela ne tienne !

— Que voulez-vous dire, Henri?

— Quand je serai roi de Navarre, je baillerai à Malican des lettres de noblesse...

Noë haussa les épaules.

— Ce sera une noblesse de trop fraîche date pour moi, mon prince.

Noë soupira de nouveau et continua son chemin.

Quand ils furent à l'entrée de la rue des Prêtres, Henri dit à Noë :

— Tu vas rester là et faire le guet.

— C'est bien inutile, la rue est déserte...

— Il peut passer quelqu'un.

— D'ailleurs vous ne craignez plus le poignard de René.

— Oh! non... mais je crains mieux que cela...

— Qui donc?

— La jalousie de Marguerite. Je me défie de ce démon blanc et rose qu'on appelle Nancy.

— Bah! Nancy vous aime.

— Elle aimait beaucoup en effet le sire de Coarasse... mais qui sait si elle ne trahira point le prince Henri de Bourbon?

— O grandeur! murmura Noë d'un ton tragique et moqueur en même temps, tu n'es qu'un nom !

Mais déjà Henri avait quitté son bras et s'éloignait rapidement, laissant Noë au coin de la rue.

. . . .

Lorsque le prince de Navarre fut arrivé devant la maison du bonhomme Jodelle, il leva la tête et s'assura qu'aucune lumière ne brillait à l'intérieur.

— L'heure où les épiciers dorment, pensa-t-il, est toujours celle où les amoureux veillent.

Et le prince entonna à mi-voix un refrain du temps :

> C'est le chevalier du guet
> Qui passe...
> C'est le chevalier du guet
> Qui passe avec ses archers.

Puis il attendit.

Un moment après, une fenêtre du rez-de chaussée de la maison Jodelle s'entr'ouvrit discrètement.

Henri s'approcha et reprit tout à fait en sourdine.

Le volet entr'ouvert s'ouvrit tout à fait.

En même temps, une voix émue demanda :

— Est-ce vous... Henri ?

— C'est moi.

Et le prince s'approcha plus encore, et la petite main de Sarah prit la sienne et la pressa.

— Ah! chère Sarah !... murmura le prince...

— Monseigneur... dit Sarah tremblante, ne vous est-il rien arrivé, au moins ?

— Absolument rien. Pourquoi cette question, ma chère âme ?

— Ah ! dit l'argentière, c'est qu'il est si tard...

— Il est minuit.

— Vous veniez plus tôt les autres jours !

— Oui, mais ma mère est arrivée ce soir, Sarah.

— La reine Jeanne ! s'écria l'argentière, nous sommes sauvés, alors.

Henri s'était appuyé sur l'entablement de la croisée, jetant de temps à autre un regard aux deux extrémités de la rue.

— Sauvés ! dit-il, en répondant aux paroles de Sarah, oh ! certes, oui... et vous n'avez plus rien à craindre de René.

— Mais vous ?... fit-elle, toujours tremblante.

— Moi, j'ai la parole de madame Catherine. Et puis...

— Et puis, fit Sarah, tristement, vous allez épouser la princesse Marguerite.

— Ah ! Sarah, chère Sarah, dit Henri, ne me parlez point de Marguerite... c'est vous que j'aime...

— Non, monseigneur, dit l'argentière, ce n'est pas moi... qu'il faut aimer... c'est elle...

— Oh! taisez-vous...

— Mon prince, murmura l'argentière avec douceur, il faut aimer la femme qui vous est destinée... il faut aimer celle qui va vous rapprocher plus encore du trôn de France.

— Sarah!

— Vous êtes un grand et noble cœur, mon prince, poursuivit l'argentière, et je ne sais quel vague pressentiment de l'avenir me dit que vous serez un jour un grand roi...

Henri tressaillit, car il se souvint que, une heure auparavant, sa mère lui tenait le même langage.

— Les rois se doivent à leur peuple, les princes ont une noble et vaste mission, continua Sarah, qui ne leur permet point toujours d'obéir aux entraînements de leur cœur.

— Ah! je le sens pourtant, ma chère Sarah, dit Henri avec feu, ce n'est point Marguerite que j'aime, c'est vous...

— Peut-être nous aimez-vous toutes deux...

Et au milieu de sa tristesse, Sarah eut une légère ironie dans la voix.

Henri soupira et se tut.

— Mais, reprit-elle, ce n'est pas moi, je vous le répète, qu'il faut aimer, Henri. Je partirai... Je vous fuirai s'il le faut... mais vous m'oublierez...

— Jamais !

Henri accentua ce mot unique avec passion, et Sarah sentit les battements de son cœur se précipiter plus vite encore.

— Oh ! non, poursuivit-il, jamais je ne consentirai à vous oublier, Sarah ! jamais je ne pourrai me séparer de vous.

— Il le faut, Henri...

— Tenez, Sarah, écoutez-moi. Je vous jure que je ferai ce que je vous dis.

— Parlez...

— Si vous me quittez, si vous retournez en Navarre auprès de Corisandre, eh bien ! je désobéis à ma mère, je romps mon mariage et je vous suis.

— Vous êtes fou !...

— Peut-être...

— Et vous ne le ferez point.

— Si, car je vous aime...

Sarah demeura silencieuse un moment, et pendant ce temps le prince couvrait ses mains de baisers brûlants, et elle n'osait se dégager de cette affectueuse étreinte.

— Henri, dit-elle tout à coup, à votre tour voulez-vous m'écouter ?

La voix de Sarah s'était raffermie et paraissait empreinte d'un accent de résolution.

— Je vous écoute, répondit le prince.

— Vous m'aimez, reprit Sarah, je le crois, je le sens... Mais moi aussi je vous aime, et mon amour aura le courage du dévouement.

— Que voulez-vous dire ?

— Je saurai me sacrifier à votre avenir, Henri ; je saurai faire taire mon cœur pour ne songer qu'à vous...

— Ah ! Sarah !... Sarah !... ne me parlez pas ainsi.

— Écoutez-moi jusqu'au bout. Si vous étiez assez insensé pour rompre votre mariage avec la princesse arguerite et me suivre, j'aurais la force, moi, de me réfugier dans un couvent et de vous fuir à ja- ais...

— Oh ! fit Henri avec douleur.

— Voulez-vous que je sois votre amie, Henri, votre amie simplement, rien que votre amie ?

— Sarah !...

— Et, à ce prix, je ne partirai pas. Vous me placerez auprès de la reine votre mère, et, tenez !... quelque chose me dit que je jouerai le rôle d'un bon nge dans votre destinée.

Henri n'eut pas le temps de répondre, car un bruit de pas précipités se fit entendre à l'extrémité de la rue opposée à celle où Noë se tenait en sentinelle.

— Adieu !... à demain !... dit Henri, qui était

heureux de n'avoir pas le temps de répondre affirmativement à la proposition de la belle argentière

— Adieu... à demain... répéta-t-elle.

Et le volet se referma.

Au même instant, et avant que le prince eût eu le temps de faire un pas de retraite, il fut arrêté par une femme qui courait à perdre haleine, riant d'un rire nerveux, et brandissant un poignard.

Le prince la saisit par le bras, et, croyant avoir affaire à une folle, il l'arrêta.

— Qui êtes-vous? dit-il.

— Place ! place ! répondit la femme, laissez-moi passer... je l'ai tué !

Et elle riait avec frénésie, tout en cherchant à se dégager de l'étreinte du prince.

— Qui donc avez-vous tué ? demanda-t-il.

— Lui ! le Florentin !... René...

Henri étouffa un cri :

— Vous avez tué René ? dit-il.

— Oui... il y a cinq minutes... il est tombé à l'entrée du pont...

— A moi ! cria Henri, à moi, Noë !

Noë accourut.

— Répétez donc ce que vous venez de dire? insista le prince.

La jeune femme, la mendiante, continua à rire.

— Oui... oui... répéta-t-elle, je l'ai tué... venez avec moi... venez !... car vous devez haïr René comme moi, comme tout le monde !

Et la mendiante, que la folie gagnait, prit les deux jeunes gens par la main. Ils se laissèrent entraîner, puis ils se prirent à courir et arrivèrent ainsi jusqu'à l'entrée du pont au Change. Le pont était désert, et un moment les deux jeunes gens crurent avoir été victimes d'une mystification.

Mais la lanterne projetait sa clarté sur le parapet, et la pierre blanche était jaspée de quelques gouttes de sang.

XII

Noë et le prince regardèrent alors attentivement la mendiante.

C'était une fort belle fille, robuste et plantureuse, aux larges épaules, à l'œil d'un bleu sombre, aux lèvres rouges, aux cheveux abondants et noirs. A Athènes on l'eût prise pour une bacchante, à Rome elle eût passé pour une des femmes du peuple qui portaient leurs enfants nus dans leurs bras sur la route du général triomphateur.

A Paris, il était facile de présumer son origine.

C'était une fille des faubourgs, une Gauloise mélangée de sang romain, une descendante de Velléda l'Armoricaine, une aïeule de la trop célèbre Théroigne de Méricourt. Elle avait presque la taille d'un homme ordinaire, et son bras d'un galbe parfait semblait mû par des muscles puissants.

— Voilà une belle fille, par ma foi ! exclama le prince.

— Sur mon honneur, oui, ajouta Noë le railleur.

La mendiante attachait un œil stupide sur le sol.

— Ma fille, dit Henri,.tu l'as simplement égratigné, il aura continué son chemin.

— Oh ! dit-elle, j'ai pourtant frappé fort et j'ai senti une résistance. Et, tenez, regardez...

Elle montrait la lame de son poignard, qui était rouge, et toute sa physionomie exprimait un profond désespoir.

— Tu le hais donc bien ? demanda le prince.

— Que t'a-t-il fait ? disait en même temps Noë.

La mendiante eut un rire féroce.

— Ah ! dit-elle, je le vois bien, vous ne savez pas qui je suis...

— Qui donc es-tu ?

— On m'appelle la Farinette.

— Eh bien ? fit le prince, à qui ce nom était inconnu.

La mendiante à son tour regarda Henri de Navarre.

— C'est vrai, dit-elle, vous êtes des gentilshommes, et vous ne savez pas ce que c'est que Farinette

— Non.

— Mais si vous alliez à la cour des Miracles...

— Ah !

— On vous y dirait qui je suis.

— Eh bien ! la belle fille, reprit Henri, dis-nous-le toi-même?

— Je suis la veuve de Gascarille, messeigneurs.

Elle prononça ce nom avec une sorte d'orgueil.

— Gascarille !

— Oui, Gascarille le saltimbanque, Gascarille le tire-laine, Gascarille le premier lieutenant du roi de Bohême qui règne sur les compagnons de la cour des Miracles.

Certes Henri, pas plus que Noë, n'avait oublié le nom de ce pauvre diable qui s'était laissé duper par le président Renaudin, et qu'on avait pendu au profit de René.

Tous deux comprirent sur-le-champ la haine de Farinette.

La belle fille s'était fièrement campée son poing sur la hanche, et elle parlait de Gascarille avec le douloureux respect qu'une autre femme eût employé pour parler d'un héros.

— Ah ! vous comprenez, poursuivit-elle, vous comprenez maintenant pourquoi je hais René, pourquoi je l'ai en horreur, pourquoi j'ai juré sa mort.

— Je te comprends, dit Henri.

— Et moi aussi, ajouta Noë.

— La veille de la mort de Gascarille, reprit Farinette, j'ai vu venir un homme vêtu de noir dans la cour des Miracles. C'était un juge.

— Renaudin, sans doute? fit Henri.

— Oui, il se nommait Renaudin.

— Et que t'a-t-il dit?

— Oh! vous allez voir, c'est toute une histoire, allez!

Farinette, en parlant ainsi, s'assit sur le parquet du pont.

— Dans la cour des Miracles, voyez-vous, reprit-elle, Gascarille passait pour un homme qui se tirait bien d'affaire, et qui avait le diable pour patron. Lorsque Gascarille était pris par le guet et mis en prison, personne ne s'en souciait. On savait bien qu'il trouverait le moyen d'en sortir.

— Ah! ah! fit Henri.

— Or, reprit Farinette, on avait jugé et condamné Gascarille. Il devait être pendu dans trois jours, et j'étais arrivée un peu soucieuse à la cour des Miracles.

— Qu'est-ce que tu as donc, Farinette? me demanda le duc d'Égypte.

— J'ai peur pour Gascarille... répondis-je les larmes aux yeux.

Le duc d'Égypte se prit à rire.

— Est-elle simple, cette Farinette, dit en me regardant le roi de Bohême.

— Pourquoi donc?

— Elle croit qu'on pendra Gascarille...

Et tout le monde se mit à rire autour de moi, et je fis comme tout le monde. Nous savions bien que Gascarille se tirerait du Châtelet et ferait la nique à maître Caboche.

— Allons, Farinette, me cria le roi de Bohême, veux-tu danser avec le duc d'Égypte?

— Je veux bien! répondis-je, et je me mis à danser autour du grand feu qui brûlait dans la cour des Miracles, et les amis applaudissaient et disaient:

— Farinette est une belle fille, et Gascarille va casser une belle cruche avec elle lorsqu'il reviendra.

Un paralytique qui venait de jeter ses béquilles pour danser la ronde des bohémiens ajouta :

— Je voudrais bien qu'on pendît Gascarille, moi...

— Hein! m'écriai-je, pourquoi donc?

— Parce que c'est moi qui casserais la cruche avec toi, me répondit-il.

— Tu es trop laid! lui dis-je.

Et je lui appliquai un soufflet.

Ce fut en ce moment que le juge vêtu de noir arriva.

Les danses cessèrent et le cercle formé à l'entour du feu s'ouvrit.

Un juge qui se hasardait dans la cour des Miracles, ça devait être un homme hardi.

— Oh ! oh ! lui dit le roi de Bohême, qu'est-ce que tu viens faire ici ?

— Je viens de la part de Gascarille.

On se regarda curieusement et le duc d'Égypte me dit :

— Tu vois bien, Farinette, que Gascarille est un rude homme. Quand il a besoin d'un commissionnaire, il le prend parmi les membres du Parlement.

Le juge, entendant prononcer mon nom, se retourna :

— C'est toi, dit-il, qu'on nomme Farinette ?

— C'est moi.

— Je viens te voir de la part de Gascarille.

— Ah ! ah ! est-ce qu'il est sorti de prison ? demandai-je.

— Non, mais il va en sortir.

— Comment cela ?

— C'est moi qui lui en ouvrirai la porte, me dit-il.

Alors il me prit par la main et m'attira à l'écart :

— Vois-tu, me dit-il, le sort de Gascarille dépend de toi.

— De moi !... m'écriai-je.

— Si tu consens à lui donner un bon conseil, il sera riche et toi aussi.

Le juge me conta l'histoire de René, et il me dit que Gascarille hésitait, parce qu'il avait peur qu'on ne le trompât... Mais moi, qui croyais que Gascarille ne pouvait pas mourir, je me laissai persuader.

— Dites-lui qu'il accepte et qu'il prenne l'argent, dis-je au juge.

— Si je lui répète tes paroles, il ne me croira pas.

— Eh bien ! tenez...

Je détachai une épingle qui était plantée dans mes cheveux et la lui donnai.

— Remettez-lui cela, dis-je, il saura que cela vient de moi et il fera tout ce que vous voudrez.

Farinette s'arrêta un moment, et le prince vit une larme qui roula lentement sur sa joue.

— Ah ! reprit-elle, c'est moi qui ai tué Gascarille !

— Comment cela, mon enfant ?

— C'est moi, répéta-t-elle, car lorsqu'il a vu l'épingle, il a eu confiance dans le juge et il a consenti à tout.

— Et, s'il n'eût pas avoué le crime de René, dit

le prince, penses-tu donc qu'il n'eût pas été pendu?

— Non, il se serait sauvé. Le diable lui venait toujours en aide. Mais René est encore mieux avec le diable que ne l'était Gascarille, et le diable l'a laissé mourir pour que le secret de René fût bien gardé.

Cette explication de Farinette pouvait, jusqu'à un certain point, soulever bien des discussions et être sujette à controverse, — mais Henri jugea inutile de combattre les opinions d'une fille élevée dans la cour des Miracles, et il se borna à lui dire :

— Ainsi, tu hais René?

— J'ai juré sa mort le soir de celle de Gascarille. Écoutez...

Farinette continua ainsi :

— Comme nous avions tous cru à la parole du juge, nous allâmes, une douzaine de compagnons de la cour des Miracles et moi, pour voir l'exécution.

Nous nous étions groupés autour de la potence et nous vîmes venir Gascarille qui s'appuyait sur l'épaule de maître Caboche et souriait.

En ce moment les archers nous repoussèrent, et force nous fut de nous retirer jusqu'à l'extrémité opposée de la place de Grève.

— Maître Caboche est un joli garçon, murmura un tire-laine.

— Un brave homme, dit un *aveugle* qui ne perdait pas de vue un seul des mouvements du patient, bien que nous fussions à distance.

— Et, ajouta le duc d'Égypte, si jamais je passe par ses mains, je souhaite qu'il me pende pour rire, comme il va pendre Gascarille.

Nous étions loin, mais j'entendis cependant Gascarille jeter un cri.

— Le farceur! dit le duc d'Égypte, il feint de crier pour duper mieux son monde.

Le bourreau fit monter Gascarille jusques en haut de l'échelle, puis il le lança dans le vide.

Je fermai les yeux et poussai un grand cri à mon tour.

— Niaise! me dit le duc d'Égypte, tu sais bien que le nœud n'est pas coulant et que Gascarille est soutenu par une bonne corde qui lui passe sous les bras.

C'est égal, j'avais peur, et le frisson me prit lorsque je vis mon pauvre Gascarille qui agitait les bras et les jambes.

— Bien joué! disait toujours le duc d'Égypte. On dirait qu'il est pendu pour tout de bon.

Après avoir remué, Gascarille devint peu à peu immobile.

— Voilà qu'il fait le mort, dit un tire-laine.

— Oh ! il l'est peut-être... m'écriai-je.

On se prit à rire autour de moi, — mais une heure après on dépendit Gascarille...

Gascarille était bien mort !

Farinette s'interrompit une fois encore, puis elle continua à pleurer.

Mais tout à coup elle reprit avec une exaltation sauvage :

— Le soir, voyez-vous, j'ai juré que je tuerais René... et j'ai fait ce serment sur le corps de Gascarille, en présence de tous les compagnons de la cour des Miracles.

— Eh bien ! ma pauvre fille, dit Henri, tu as mal tenu ton serment.

— Oh ! croyez-vous ?...

— René est blessé... mais il est blessé légèrement, puisqu'il a pu s'en aller...

— Hé ! dit Noë, il me semble que nous pourrions bien nous en assurer.

— Comment ?

— Il est probable qu'il n'est point allé se faire panser au Louvre.

— C'est juste.

— Et bien certainement nous le trouverons au pont Saint-Michel.

— Ah ! vous avez raison ! s'écria Farinette, c'est

là que nous le retrouverons... c'est là que je l'achè-
verai.

Et Farinette brandissait son poignard, et son regard était redevenu féroce.

Henri lui prit le bras.

— Ma petite, dit-il, écoute-moi bien.

— Je vous écoute, mon gentilhomme.

— Tu veux tuer René?

— Si je le veux !

— Nous le haïssons autant que toi, mais, puisque
tu l'as manqué ce soir, nous ne te le laisserons point
achever.

— Et pourquoi cela? fit-elle d'un ton de menace.

— Parce que nous voulons, nous aussi, nous venger de René.

— Vous?

— Nous... et que ce n'est point par un vulgaire
coup de poignard.

L'œil de Farinette devint cruel.

— Est-ce que vous avez trouvé mieux que cela?
dit-elle.

— Peut-être... et si tu veux m'obéir...

Farinette regarda le prince avec une sorte de défiance.

— Vous êtes bien beau, dit-elle enfin avec une

naïve admiration, et bien jeune... Quand on est beau et jeune, on doit être franc.

— Je le suis.

— Vous ne mentez pas?

— Non, je te le jure.

— Eh bien! dit-elle, soumise et comme subitement fascinée, je vous crois... et, tenez...

Elle lui tendit son poignard, ajoutant :

— Je ferai ce que vous voudrez.

— C'est bien. Suis-nous.

Noë s'était penché à l'oreille du prince.

— Pourquoi donc, lui dit-il, ne laissez-vous pas agir la destinée?

— Parce que, répondit Henri, si Farinette tue René, la reine-mère trouvera moyen de prétendre que nous y sommes pour quelque chose.

— Que faire alors?

— Je veux savoir d'abord si René est dangereusement blessé. Viens...

Farinette et les deux jeunes gens, traversant la Cité, eurent bientôt atteint le pont Saint-Michel.

La nuit était toujours sombre, mais on voyait luire à travers la boutique fermée de René la clarté d'une lampe.

— Tu le vois, dit Henri, je ne me suis pas trompé.

— Il est chez lui, ajouta Noë, qui fit signe à Farinette de s'arrêter.

Tous les trois s'avancèrent sur la pointe du pied, et Henri colla le premier son œil à une fente de la devanture.

Noë et Farinette l'imitèrent.

Or, voici ce qu'ils virent :

René le Florentin, affreusement pâle, était couché sur le lit de Godolphin. Le somnambule lui soutenait la tête, et une femme, tenant d'une main une aiguière, lavait la blessure que lui avait faite le poignard de la bohémienne.

Farinette tressaillit.

— Quelle est cette femme ? demanda-t-elle.

— C'est sa fille...

L'enfant de la cour des Miracles poussa un rugissement qui fit frissonner Noë et le prince lui-même :

— Oh ! dit-elle, ce n'est pas lui que je frapperai maintenant...

— Et qui donc ? demanda Henri.

Farinette eut un cruel sourire :

— Ce n'est pas lui, répéta-t-elle. c'est sa fille !...

XIII

René en recevant le coup de poignard de Farinette, 'était affaissé sur le parquet du pont.

Pendant quelques minutes, frappé d'une sorte de stupidité, ne comprenant rien à cette brusque atta-
e dont il était victime de la part d'une inconnue, se demanda s'il n'était point le jouet de quelque orrible cauchemar.

Mais bientôt le sang qui jaillissait de sa blessure t coulait jusque sous ses doigts le convainquit de la réalité.

— Alors le Florentin eut peur de mourir, de mourir là, en ce lieu désert, sans un ami, comme un chien.

— Oh! non, non! dit-il, si ma blessure est mortelle, il faut que je sois vengé!

Et cet homme, qui n'aimait que lui d'ordinaire et haïssait tout le monde, cet assassin, cet empoisonneur qu'on nommait René le Florentin, prononça tout bas un nom : « Paola ! »

Le misérable songeait à sa fille.

Il eut la force de se redresser, d'ouvrir son pourpoint, à travers lequel avait pénétré le poignard de Farinette, et de chercher avec sa main la place exacte où se trouvait la blessure.

Le poignard l'avait atteint au côté droit ; mais encontrant une côte, il avait éprouvé une déviation.

René appuya la paume de sa main sur la blessure, afin de comprimer l'hémorragie ; puis, réunissant tout ce qui lui restait de force, il se mit en route et prit le chemin de sa demeure.

Plusieurs fois il faillit succomber à un étourdissement ; plusieurs fois il éprouva une défaillance qu'il prit pour le premier frisson de la mort...

Il lui arriva même, en passant derrière la Sainte-Chapelle, d'être obligé de s'appuyer à un pan de mur et d'y reprendre haleine.

Mais enfin il arriva jusqu'au pont Saint-Michel et vint tomber épuisé sur le seuil de sa boutique, appelant d'une voix mourante :

— Godolphin ! à moi, Godolphin !

Le somnambule, qui commençait à s'endormir

fort naturellement, du reste, n'entendit point tout d'abord.

— Godolphin, répéta René, en heurtant du poing les volets de la devanture.

— Godolphin ! répéta une voix à l'intérieur.

C'était celle de Paola.

Paola avait le sommeil plus léger que son compagnon, et, bien qu'elle fût plus éloignée de la porte que lui, elle avait sur-le-champ ouvert les yeux, prêté l'oreille et reconnu la voix de son père.

— Ouvre, Godolphin ! criait-elle.

Godolphin s'éveilla enfin, courut aux cris et trouva René évanoui sur le seuil.

— A moi ! Paola ! à moi ! cria-t-il à son tour.

Paola accourut, à peine vêtue, et jeta un cri d'effroi.

Son père était couvert de sang et son visage était si pâle qu'on eût juré qu'il était mort.

La jeune fille éperdue aida Godolphin à prendre René à bras le corps et tous deux le transportèrent sur le lit de camp que le somnambule dressait chaque soir dans la boutique.

Paola déchira le pourpoint, la chemise, et appliqua sur-le-champ un premier appareil sur la blessure, tandis que Godolphin faisait respirer du vinaigre à René.

En moins de dix minutes, le Florentin revint à lui, regarda et reconnut sa fille et Godolphin.

— Ah! mon père! murmura Paola, qui s'était emparée d'une aiguière et lavait doucement la plaie, mon père, que vous est-il donc arrivé?

René reprit d'une voix faible et tremblante encore :

— Une femme a voulu m'assassiner.

— Une femme!

Et les deux jeunes gens stupéfaits se regardèrent.

— Oui, une femme que je ne connais pas, que je n'ai jamais vue... une mendiante!

Godolphin et Paola se regardèrent de nouveau. Le regard qu'ils échangèrent semblait dire :

— Qui sait? peut-être a-t-il un peu le délire.

Mais comme s'il eût compris la signification de ce regard, le Florentin répéta :

— C'est une femme jeune et belle, quoiqu'elle fût vêtue de haillons; elle m'a demandé la charité, et comme je fouillais dans ma bourse en lui disant mon nom, elle ma poignardé.

— C'est étrange! murmura Paola.

René aperçut un petit miroir d'acier poli suspendu au-dessus du comptoir, et il fit un signe que Godolphin comprit.

Le somnambule alla décrocher le miroir et l'apporta à René.

— Allume deux bougies, dit celui-ci.

Godolphin obéit encore.

Alors René fit placer les deux bougies auprès du miroir et le miroir devant lui, afin de voir bien exactement sa blessure.

René était quelque peu chirurgien, et il examina et ausculta sa blessure avec le sang-froid d'un praticien.

— Le poignard a glissé, dit-il enfin, les chairs seules ont été entamées, et je n'en mourrai pas!

Puis il ajouta, s'adressant à Godolphin :

— Monte dans mon laboratoire; tu y trouveras sur une étagère une bouteille renfermant une liqueur d'un vert foncé.

— Je sais ce que vous voulez dire, répliqua Godolphin, qui s'élança vers l'escalier conduisant au laboratoire.

Le somnambule descendit peu après apportant la fiole indiquée par René.

Le Florentin dit alors à Paola :

— Cherche de la charpie, prépare-moi un pansement que tu arroseras avec la liqueur contenue dans cette fiole, et puis verse-moi quelques gouttes de vieux vin dans un gobelet.

Paola exécuta ponctuellement les ordres de son père.

Puis René, qui savait que le sommeil prévient presque toujours la fièvre qu'occasionne une blessure, René avala le contenu du gobelet que lui présenta sa fille.

Ce gobelet renfermait du vin vieux mélangé d'un principe narcotique assez puissant.

Après quoi le parfumeur se tourna sur le côté gauche et dit :

— Laissez-moi dormir !

Paola et Godolphin se retirèrent, et René s'endormit.

. . . .

Lorsque le Florentin rouvrit les yeux, la nuit était écoulée et le soleil dardait ses rayons dans la boutique.

Paola et Godolphin étaient assis à son chevet.

Paola penchait sa jolie tête sur l'oreiller de son père avec une coquetterie toute féminine.

— Comment te sens-tu, petit père? demanda-t-elle d'une voix câline.

— Assez bien, mon enfant.

— Souffres-tu ?

— Non.

— Veux-tu que je te renouvelle ton pansement?

— Oui, dit René.

L'Italienne, aidée de Godolphin, découvrit la blessure et la lava de nouveau avec la précaution minutieuse d'un chirurgien de profession.

— C'est cela, dit René, qui se fit apporter une seconde fois le miroir. C'est cela, ce que j'avais prévu est arrivé : le sang ne coule plus...

— Ta blessure est-elle grave, petit père?

— Non, mon enfant.

— Sera-t-elle bientôt fermée?

— Avant trois jours.

— Pourras-tu te lever?

— Oh! sur-le-champ...

— Prends garde! dit Paola d'un air craintif. Si le sang allait couler encore!

— Chère Paola! murmura le Florentin, qui, en ce moment, avait des entrailles de père.

Puis il se souleva un peu, se mit sur son séant et dit à Godolphin : — Tu vas m'aider à m'habiller, il faut que j'aille au Louvre.

— Encore! fit Paola.

Elle prononça ce mot avec une sorte d'impatience.

— Hum! dit René qui la regarda fixement, est-ce que cela te contrarie?

— Oui, dit résolûment Paola.

— Pourquoi?

— Parce que j'aurais voulu...

Elle s'arrêta et parut hésiter.

— Voyons ! parle... insista René.

— J'aurais voulu causer avec vous.

— Oh ! dit René.

— Et il y a longtemps, acheva Paola, qui s'enhardit.

Puis elle regarda Godolphin d'une certaine façon qui voulait dire :

— Godolphin me gêne ; je voudrais converser avec vous seul à seul.

René comprit ce regard.

— Godolphin, dit-il au somnambule, tu vas sortir.

— Bien ! dit Godolphin.

— Et galoper jusqu'au Louvre, où tu demanderas à parler à madame Catherine.

— Que lui dirai-je ?

— Tu la prieras de ma part de te remettre la boîte de poudre brune qui vient de Venise. Elle saura ce que je veux dire.

Godolphin prit son chapeau et son manteau.

Mais comme il s'apprêtait à s'éloigner, le Florentin ajouta :

— Tu demanderas, en outre, à la reine, la boîte de gants qu'elle a reçue de Florence le mois dernier, et qui est un cadeau du duc de Médicis, son neveu.

Godolphin sortit.

Alors René regarda sa fille.

— Maintenant, dit-il, parle, mon enfant, je t'écoute.

Paola s'assit sur le pied du lit et reprit son air câlin et insinuant :

— Petit père, dit-elle, te souviens-tu qu'il y a environ quinze jours tu m'as retrouvée mourante, par une nuit sombre, sur la place Saint-Germain-l'Auxerrois ?

— Oui, mon enfant.

— Te souviens-tu que tu m'as fait une promesse ?

— Certainement.

— Tu m'as juré de me venger de l'infâme que j'aimais et qui m'a trahie.

— C'est vrai.

— Et... dit la vindicative Italienne, tu n'as point tenu ta promesse, père ?

— Je la tiendrai.

— Quand ?

— Plus tôt que tu ne penses, mon enfant.

— Vrai ? fit-elle.

Et son œil brilla d'un feu sombre.

— Aussi vrai que je suis ici, et que tu es mon enfant chérie.

— Mais... quand ?

— Bientôt.

— J'aimerais mieux une date, murmura Paola, qui avait voué une haine mortelle à Noë.

— Il m'est impossible de te la donner.

— Mais... enfin?

René eut une inspiration.

— Écoute, dit-il, tu veux que je te venge?

— Oh! je serais si heureuse de voir couler la dernière goutte de son sang!

— Eh bien! tu seras vengée et promptement, mais il faut m'obéir.

— Je vous obéirai.

— Sans discuter mes ordres.

— Soit! dit Paola.

René se dressa tout à fait sur son séant.

— Tu vas partir d'ici ce soir, à la nuit.

— Et... où irai-je?

— Tu retourneras à Chaillot, dans la maison où il t'avait cachée.

— Oh! jamais!

— Il le faut, dit René d'un ton ferme, il le faut!

— Mais... pourquoi?

— Ta vengeance en dépend.

— Je ne comprends pas, murmura Paola. Expliquez-vous, mon père.

— Attends! tu retourneras donc à Chaillot...

— Bien. Après?

— Tu écriras à Noë...

Paola devint livide.

— Tu lui écriras, dit René, ou tu le manderas. Il faut que tu le voies...

— Ah! mon père! exclama l'Italienne avec un mouvement de répugnance si prononcé, que René hésita à son tour.

— Cependant, dit-il, si tu veux que je te venge, il importe que tu sois docile!

— Mais le voir, mais lui parler!... Ah! c'est impossible...

— Il le faut!

Le ton de René était si impérieux que Paola se tut.

— Il le faut, reprit le Florentin après un silence, si tu veux être vengée!

— Mais enfin, demanda Paola, si je le vois, que lui dirai-je?

— Tu te jetteras à son cou, tu lui demanderas pardon de l'avoir trahi... et tu feindras un retour vers lui...

Paola frémissait de colère.

— « Gardez-moi auprès de vous, lui diras-tu, poursuivit René, mais sauvez-moi de mon père! »

La jeune fille regarda le Florentin avec une sorte de stupeur.

René se prit à rire.

— Noë sera touché de ton repentir, de ton amour, et comme tu te poseras vis-à-vis de lui en femme persécutée, il éprouvera le besoin de te soustraire de nouveau à ma tyrannie.

— Ah!

— Et il en référera à son ami le prince de Navarre.

— Eh bien? fit Paola toujours étonnée.

— Or, ce n'est plus à Chaillot que le prince et Noë te cacheront.

— Où donc, alors?

— Ce sera à Paris, dans l'hôtel Beauséjour, auprès de la reine de Navarre?

L'œil de Paola étincela.

— Mon père, dit-elle résolûment, que comptez-vous donc faire de moi quand je serai auprès de la reine de Navarre?

— Je te le dirai plus tard.

Et René imposa silence à Paola qui allait répliquer.

— Écoute... dit-il.

Le pas de Goldophin retentissait à la porte, et bientôt le somnambule entra.

Il portait la boîte de gants à la main, et il tira de sa poche la poudre brune de Venise.

René posa un doigt sur ses lèvres et regarda sa fille.

— Plus tard... dit-il, plus tard...

Et il dit à Goldolphin :

— Habille-moi, maintenant.

Godolphin s'acquitta sans excès de maladresse de ses fonctions de valet de chambre, et René se leva sans trop de douleur.

— Maintenant, ajouta-t-il, venez au laboratoire avec moi, mes enfants.

Appuyé sur l'épaule de sa fille, le Florentin monta dans cette pièce convertie en officine de parfumeur et d'alchimiste.

Là il s'assit dans un grand fauteuil et dit à Godolphin :

— Prends cette fiole vide et jette-la sur le sol.

— Mais... elle se brisera...

— C'est précisément pour qu'elle se brise que je t'ordonne de la jeter.

Godolphin ne comprit pas, mais il brisa la fiole en mille morceaux.

Alors René fit ouvrir la boîte de gants et prit la première paire qui s'offrit à ses regards.

Puis il indiqua à Godolphin un pot blanc qui contenait une matière fumante et incolore ressemblant assez à de la colle de gomme.

Godolphin lui apporta ce pot et un petit pinceau.

René trempa le pinceau d'abord dans la liqueur

gluante, ensuite dans les débris de la fiole qu'il avait achevé d'écraser sous son pied.

Après quoi il passa le pinceau dans l'un des gants et l'enduisit à l'intérieur.

— A présent, dit-il à Paola, ouvre cette boîte que Godolphin vient de rapporter, prends une pincée de la poudre qu'elle renferme et jette-la dans ce gant. Il faut que vous soyez tous deux mes complices.

— Vos complices ! exclama Godolphin...

— Oui, dit René : le verre pilé va se coller à la peau du gant et déchirera l'épiderme de la main qui tentera d'y pénétrer.

— Bien ! fit Paola, et la poudre ?

— La poudre est un poison subtil qui pénétrera par l'écorchure.

René se prit à sourire, et les deux jeunes gens se regardèrent avec stupeur, se demandant quelle était la personne que le Florentin voulait empoisonner.

XIV

Tandis que René le Florentin empoisonnait une paire de gants en présence de sa fille et de Godolphin, qui ne savaient encore à qui ce cadeau funeste était destiné, une scène toute différente se déroulait sur la place Saint-Germain-l'Auxerrois, à deux pas du Louvre, dans le cabaret de Malican.

Notre ami Amaury de Noë était rentré fort tard à l'hôtel Beauséjour, en compagnie de notre héros le prince Henri de Bourbon, futur roi de Navarre.

Qu'était devenue Farinette ? C'est un mystère que nous ne tarderons point à éclaircir. Toujours est-il que le prince s'était couché comme l'étoile du matin montait à l'horizon.

Madame Catherine, en reine qui comprend toutes

les délicatesses de l'hospitalité, s'était empressée de faire disposer à l'hôtel Beauséjour une fort belle chambre pour son hôte, le prince de Navarre.

A côté de cette chambre se trouvait un cabinet destiné à *l'alter ego,* à *l'inséparable* de Henri de Bourbon, c'est-à-dire à Amaury de Noë.

— Noë, mon bel ami, dit le prince en se mettant au lit, est-ce que tu ne regrettes pas un peu notre chambrette de l'hôtellerie de la rue Saint-Jacques ?

— Parbleu ! non, répondit Noë.

— Vraiment ?

— Mais non, répéta le jeune homme. Je vous le jure, Henri.

— Tu as tort.

— Bah ! et pourquoi ?

Henri secoua la tête :

— A l'hôtellerie de la rue Saint-Jacques, vois-tu, les murs sont pleins.

— Bon ! ils le sont ici.

— Ici, ils pourraient bien être creux par ci par là.

— Allons donc !

— Et posséder des oreilles ni plus ni moins que les murs du palais de Denis, tyran de Syracuse.

— Mon cher prince, dit Noë gravement, Votre Altesse a l'esprit troublé de toutes nos aventures de cette nuit, j'en suis sûr.

— Mais, non...

— Et elle se croit au Louvre.

— Simple que tu es ! dit le prince, n'est-ce pas madame Catherine qui a fini le Louvre et percé tous les judas mystérieux qui étoilent les murs ?

— C'est vrai.

— Eh bien ! si elle a fini le Louvre, elle a bâti l'hôtel Beauséjour.

— Ah ! diantre ! fit Noë.

— Et madame Catherine est de force à avoir prévu que quelque témoin dont elle aurait à se défier habiterait son hôtel un jour ou l'autre.

— Bon ! dit Noë, mais qu'en conclure ?

— J'en conclus que si tu veux causer, au lieu de me parler du fond de ton lit, tu feras bien de venir t'asseoir sur le pied du mien.

— Soit ! dit Noë.

Et il s'assit sur le pied du lit de Henri de Navarre.

— Et puis, ajouta le prince, il me vient une bonne idée.

— Voyons !

— Il n'y a guère à Paris que nous et les nôtres qui parlions béarnais.

— C'est probable.

— Or, les nôtres sont incapables de servir d'espions à la reine Catherine.

— J'en réponds bien, Henri.

— Donc, parlons béarnais.

— Soit. Qu'avez-vous à me dire? continua-t-il en patois du pays.

— Mais, dit Henri, je voudrais bien te parler un peu de Sarah.

— Hé! hé! dit Noë, vous l'avez vue ce soir?

— Et, sans cette folle de Farinette qui nous a dérangés...

— Farinette vous a rendu un grand service, mon prince.

— Ah bah!

— Et je suis vraiment désolé de vous voir chaque jour vous engouer de plus en plus de cette argentière de malheur.

— Noë!

— Ah! dame! murmura le jeune homme, pardonnez-moi, mon prince, mais je songe un peu à l'avenir.

— Est-ce que tu lis dans les astres comme René le Florentin?

— Dieu m'en garde!

— Ou comme... le... sire... de... Coarasse?

Noë se prit à rire.

— Cela ne m'avancerait pas à grand'chose, dit-il, mais je n'en songe pas moins à l'avenir.

— Et qu'y vois-tu ?

— Oh ! de vilaines perspectives...

— Bah !

— Parole d'honneur ! mon prince.

— Mais encore ?

— Si je suis franc, vous vous fâcherez.

— Moi ? dit Henri ; allons donc ! je ne me fâche jamais.

— Une fois n'est pas coutume.

— Mais parle donc, bavard, fit le prince impatienté, au lieu de me répondre par des sentences de pédagogue.

— Eh bien, monseigneur, je vois dans l'avenir de fort vilaines choses concernant madame la reine de Navarre.

— Ma mère ?

— Non, la jeune reine, madame Marguerite.

Henri fronça légèrement le sourcil et attendit que Noë complétât sa pensée.

Noë continua gravement :

— Madame Marguerite aime Votre Altesse, c'est incontestable.

— Heu ! heu ! fit le prince avec une pointe de fatuité.

— Et elle se fera pardonner le duc de Guise, si

Votre Altesse veut bien ne pas donner une héritière à madame la comtesse de Grammont.

— Et puis? fit Henri.

— Mais comme il est probable que cette héritière est déjà trouvée...

— Peuh! fit Henri.

— Et qu'elle se nomme Sarah l'argentière...

— Eh bien?

— Eh bien! madame Marguerite, qui sait à merveille le grec et le latin, se souviendra d'une certaine loi romaine qu'on appelait...

Noë s'arrêta, espérant que son sourire achèverait sa phrase.

— Comment l'appelait-on! demanda froidement Henri.

— La loi du talion, prince.

— Hein! fit Henri de Navarre en souriant; tu deviens audacieux, Noë, mon ami.

— Heu! heu!

— Et puisque tu fais ainsi de fort belle morale, je te vais, à mon tour, poser une simple question.

— J'écoute Votre Altesse.

— Que penses-tu de Malican?

— Que c'est un fort brave homme de cabaretier.

— Et puis?...

— Et puis... mais, dame!... et puis... rien.

— Bon! et de sa nièce?

— Je pense que Myette est une fort belle fille...

— Après?

— Et que je l'aime... ajouta Noë qui se sentit rougir.

— Très-bien! Ne me disais-tu pas, l'autre jour, que, si elle avait le moindre bout de parchemin, tu l'épouserais?

— Oh! certes, oui.

— Même sans dot?

— Bah! la bicoque du sire de Noë, mon honoré père, est petite, mais elle a coutume de voir entrer sous son toit des femmes qui ont plus de lignée que d'écus.

— Mais, hélas! dit le prince, devenu railleur à son tour, comme Myette n'a pas de parchemins...

— Je me contente de l'aimer pour ses beaux yeux.

— Parfait! Cependant tu es fils unique, mon mignon.

— Hélas!

— Et comme le nom de Noë ne saurait s'éteindre, il faudra que tu prennes femme au premier jour.

— Je la prendrai.

— Hé! mais, fit Henri, il me semble que, en ce

cas, Myette ressemblera fort à Sarah, et que madame la comtesse de Noë aura quelque analogie avec la jeune reine de Navarre.

— Ah! morbleu! s'écria Noë, au diable les comparaisons! Bonsoir, Henri, je vais me coucher.

— Tu feras sagement, mon bel ami, surtout si tu réfléchis à un vieux proverbe gascon.

— Quel est-il?

— Que pour mieux voir la paille qui éborgne le voisin, il est utile de se débarrasser du soliveau qui nous aveugle.

Noë se prit à rire et alla se coucher.

Mais, comme il se glissait entre les draps, le prince le rappela.

— Bon, dit-il, qu'est-ce encore?

— Je gage, fit Henri, que tu dormiras fort mal cette nuit.

— Mais non.

— J'ai vu Sarah, tu n'as pas vu Myette, c'est suffisant. Donc, tandis que je ronflerai majestueusement demain matin, tu te lèveras et t'en iras voir Myette.

— C'est bien possible.

— Et je vais te charger d'une commission pour Malican.

— Mais, dit Noë, j'espère bien me lever de bonne

heure et trouver Myette seule. Malican sera au lit encore.

— Cela ne fait rien. Tu donneras cette bague à Myette.

Et le prince tira de son doigt l'anneau de feu le roi Antoine de Bourbon son père.

— Que faites-vous donc là ? exclama Noë étonné.

— Et, ajouta le prince, tu la prieras de la porter à son oncle. C'est une petite convention entre Malican et moi.

— Du diable, murmura Noë, si je comprends quelque chose à tout cela !

— C'est inutile !... bonsoir !

Et le prince se tourna vers la ruelle et ramena un pan du drap sur son visage.

. . . .

Henri de Navarre ne s'était point trompé, Noë fut sur pied de très-bonne heure.

Tandis que le prince dormait avec le calme et la sérénité d'un homme doublement aimé et qui se flatte de se coiffer au premier jour d'une couronne, Amaury de Noë sortit sans bruit de l'hôtel Beauséjour, après avoir distribué quelques sourires protecteurs et, par-ci par-là, une poignée de main aux gentilshommes gascons qui veillaient fidèlement sur le repos de la reine de Navarre.

Naturellement le compagnon de Henri de Bourbon s'en alla tout droit au cabaret de Malican.

La place Saint-Germain était encore déserte, le cabaret était veuf du plus modeste buveur.

Myette seule, vêtue de sa jupe rouge assez courte pour montrer le bas de sa jambe mignonne et son petit pied cambré, de sa basquine de velours qui resserrait en les faisant valoir les richesses de son buste, Myette, coiffée du mouchoir béarnais qui enveloppait à grand'peine sa luxuriante chevelure noire, Myette, disons-nous, rangeait les hanaps et les pots d'étain sur le comptoir et mettait tout en ordre.

— Bonjour, petite, dit Noë en entrant et en prenant assez familièrement la taille de la jolie Béarnaise.

Myette rougit, mais elle ne se fâcha point.

— Bonjour, monsieur de Noë, dit-elle.

Enhardi, Noë lui prit un baiser; Myette se dégagea lestement.

— Que faut-il vous servir? demanda-t-elle en faisant un peu la moue.

— Rien, dit Noë.

— C'est peu.

— Où est ton oncle?

— Il est encore couché.

Noë tira la bague du prince que Myette reconnut sur-le-champ.

— Porte lui cela, dit-il.

— Cela? fit-elle étonnée.

— Sans doute.

— Pourquoi donc faire?

— Je n'en sais rien, c'est de la part du prince.

— C'est drôle! murmura Myette.

Puis, légère comme une biche, elle s'élança vers l'escalier et monta à la chambre de Malican.

Noë s'assit sur un banc, et, en attendant le retour de Myette, il se prit à rêver.

Myette redescendit au bout de quelques instants :

— Ah! dit-elle, mon pauvre oncle a bien mal dormi.

— Bah! fit le jeune homme.

— Il se plaint d'une violente migraine, monsieur de Noë.

— Le pauvre homme!

— Et il me charge de vous faire ses excuses, vu qu'il ne peut descendre lui-même pour vous servir à boire.

— Je les accepte volontiers, dit Noë d'un ton hypocrite, car il était enchanté, au fond, de ce tête-à-tête que Malican lui ménageait avec sa nièce par suite de sa migraine.

Puis il s'assit auprès d'elle.

— Ma petite Myette, dit-il, ton oncle est un brave homme.

— Oh ! je le sais...

— Et je l'aime de tout mon cœur, ajouta Noë...

— Soyez tranquille, dit ingénument Myette, il vous le rend bien.

— Ce matin surtout...

— Pourquoi ce matin plutôt que les autres jours ?...

— Mais, dame !... parce que... ce matin... il nous laisse seuls... et que...

Myette se reprit à rougir.

— Et que, acheva Noë, je vais pouvoir te répéter que je t'aime, ma petite Myette adorée...

En parlant ainsi, Noë prit la jeune fille par la taille.

Myette étouffa un cri et chercha à se dégager.

Mais Noë avait le bras solide, et il avait si bien enlacé la jeune fille qu'elle ne put se dégager.

— Je t'aime ! répéta-t-il avec passion.

— Amaury !... murmura Myette dont le cœur éclata soudain.

Noë la pressa sur son cœur et la jeune fille se sentit frissonner dans ses bras.

Mais en ce moment de suprême ivresse, une voix

retentit derrière eux qui les fit tressaillir et leur arracha un cri de stupeur.

— Hé! hé! disait la voix, ne vous gênez pas, monsieur de Noë!

Noë, livide et frémissant, se retourna alors.

Malican, qui ne paraissait plus se ressentir de sa migraine, se tenait immobile sur la dernière marche de l'escalier.

— Ne vous gênez pas, monsieur de Noë, répéta-t-il en ricanant.

Noë lâcha Myette, qui, toute confuse, alla se blottir en un coin de la salle, et recula lui-même d'un pas.

Cependant Malican n'était qu'un pauvre cabaretier, tandis que M. de Noë était un beau gentilhomme : mais Noë avait essayé de séduire sa nièce, et l'œil de Malican étincelait. Il marcha droit au jeune homme et lui dit :

— Monsieur de Noë, je vous vais dire une simple histoire. Prenez patience, elle est courte.

Noë le regardait avec stupeur.

— Mon père, reprit Malican, était un pauvre berger des montagnes, et il s'appelait Malican comme moi... mais il avait une fille, une fille qui était ma sœur et dont un gentilhomme du voisinage s'éprit un jour.

Malican s'arrêta un monent, comme s'il eût voulu peser ses moindres paroles.

— Ce gentilhomme aimait ma sœur et ma sœur l'aimait, poursuivit Malican. Un jour mon père le surprit à ses pieds ; alors... savez-vous ce qu'il fit?

Malican regarda encore Noë, mais Noë semblait pétrifié.

Le cabaretier reprit :

— Mon père sauta sur son fusil, ajusta le gentilhomme et lui dit :

« Je te jure, sur le salut de mon âme, que je vais te tuer comme un chien si tu n'épouses ma fille que tu as séduite... »

A ces derniers mots de Malican, Noë bondit et sembla s'éveiller d'un long sommeil.

— Oh! oh! dit-il, est-ce que tu aurais la prétention, bonhomme, de m'arracher la même promesse?

— J'ai l'honneur de vous en faire la proposition, répliqua Malican avec calme.

En même temps le cabaretier ouvrit son sarrau et prit deux pistolets à sa ceinture.

XV

Noë était brave, — il l'avait prouvé en mainte occurrence.

Cependant les pistolets de Malican étaient d'un aspect formidable et l'œil du cabaretier n'annonçait rien de bon.

— Mon cher monsieur Malican, dit le jeune homme, je ne veux pas me sauver, et vous pouvez, si bon vous semble, fermer la porte. Mais je vous engage aussi à remettre ces pistolets à votre ceinture.

— C'est selon, dit Malican.

— Si vous désirez causer avec moi, continua Noë, qui avait retrouvé son sang-froid, nous pourrons peut-être nous entendre.

— Je ne demande pas mieux, monsieur de Noë, dit Malican.

Et comme le lui avait permis Noë, le cabaretier alla fermer la porte et se plaça devant une table qui le séparait du jeune homme d'une longueur de quelques pieds.

Puis il posa les pistolets sur cette table, à la portée de sa main, s'assit et dit :

— Je le veux bien, monsieur de Noë, causons.

Myette tremblante était toujours blottie en un coin de la salle.

Noë fit comme Malican et il s'attabla vis-à-vis de lui.

Alors le cabaretier se tourna vers sa nièce :

— Hé! la belle fille, dit-il, comme nous allons traiter, M. de Noë et moi, une affaire assez importante, et que les affaires ne se font bien que lorsqu'on a le gosier humide, va-t'en me chercher une bouteille de vieux muscat.

Myette était ravie d'avoir un prétexte pour sortir, et elle ne se fit point prier.

Elle disparut et revint deux minutes après avec le flacon poudreux demandé par Malican.

Pendant l'absence de Myette, Noë et le cabaretier avaient gardé le silence de deux adversaires qui s'observent avant d'entrer en lutte.

— Maintenant, dit Malican, lorsque la jeune fille eut posé sur la table la bouteille et deux verres, maintenant, va-t'en là-haut, ma fille. Ce qui va se dire ne te regarde pas.

Myette était rouge comme une cerise, et elle avait le cœur bien gros.

Elle se retira en baissant les yeux et gravit lentement l'escalier.

Mais lorsqu'elle fut sur la dernière marche, c'est-à dire, hors de la vue de son oncle, elle s'assit et prêta curieusement l'oreille, en vraie fille d'Eve u'elle était.

— Çà! dit alors le cabaretier, causons, s'il vous laît, mon gentilhomme.

— Causons, fit Noë avec une indifférence plus affectée que réelle.

Malican mit ses deux coudes sur la table, regarda son interlocuteur en face et lui dit :

— Ainsi donc, monsieur de Noë, vous aimez ma nièce?

— De tout mon cœur, Malican.

— Et... elle... vous aime?...

— Peuh! répondit Noë avec une fatuité merveilleuse, peut-être.

— Mais savez-vous bien, monsieur de Noë, que Myette est une fille tout à fait vertueuse?

17.

— Hélas! soupira le jeune homme, à qui le dis-tu?

— Et qu'elle n'est point femme à s'en laisser conter comme font vos grandes dames de la cour de France ?

— D'accord.

— Myette veut un mari...

— Hum ! tu en reviens toujours là, mon pauvre Malican.

— Un mari... sérieux.

— Comment l'entends-tu ?

— Hé ! mais, dit le cabaretier, je veux dire un mari qui l'épouse...

Noë fit un léger soubresaut sur son siége.

— Voyons, Malican, dit-il, parlons raison...

— Je parle raison, monsieur de Noë.

— Et laissons de côté... ce mariage...

Malican allongea la main vers l'un des pistolets.

— Écoute-moi bien, reprit Noë, tu es Béarnais comme moi.

— Comme vous, dit Malican.

— Tu connais ma famille?

— J'ai passé vingt fois devant votre château.

— Tu sais que le comte de Noë, mon père, a de certaines idées...

— Je l'ignore, dit Malican.

— Il fait moins bon marché que moi de... la... noblesse...

— Ah! fit Malican d'un air sérieux.

— Et j'aurai beau lui dire que Myette est une perle de fille... un bijou...

— Il y a peu de femmes à la cour de Nérac, monsieur de Noë, qui soient aussi belles.

— D'accord, mais...

— Et je vous garantis que lorsqu'elle sera comtesse de Noë...

Noë fit un deuxième soubresaut.

— Vous pourrez être sûr de sa sagesse, ajouta gravement le cabaretier.

— Oh! pour cela, je suis de ton avis, Malican.

— Sans compter qu'elle vous donnera une kyrielle de petits Noë qui seront taillés en hercules et beaux comme des amours...

— Je ne dis pas non, mais...

— Tenez, poursuivit Malican, si vous voulez, la noce se fera dimanche prochain... C'est aujourd'hui lundi... vous voyez que nous n'aurons pas longtemps à attendre.

— Mais, mon pauvre Malican...

— Et j'irai trouver madame Jeanne de Navarre, notre reine à nous, et je lui demanderai d'assister au mariage.

Noë voulut mettre fin au programme matrimonial de Malican.

— Un instant, dit-il avec gravité, je n'ai qu'un mot à dire.

— Voyons! fit Malican.

— Je refuse positivement, et bien qu'à mon grand regret.

Vous refusez... quoi?

— Je refuse d'épouser Myette, bien que je l'aime...

— Ah! dit Malican. Et pourquoi?

— Mais parce qu'elle se nomme mam'zelle Malican et que je m'appelle le comte de Noë. Comprends-tu?

Malican partit d'un grand éclat de rire.

— Ah! monsieur de Noë, dit-il, vous étiez si troublé tout à l'heure que vous n'avez pas entendu mon histoire.

— Quelle histoire?

— Celle de ma sœur... qui fut séduite... et épousée... par un gentilhomme.

— Eh bien?

— Eh bien! ce gentilhomme n'était pas de mince noblesse... croyez-le...

— Et tu me le donnes pour modèle, ricana Noë.

— Non, ce n'est pas ce que je veux dire.

— J'écoute alors.

— Ce gentilhomme se nommait le marquis de Lussan.

— Hein! fit Noë, vraiment?

— C'est comme j'ai l'honneur de vous le dire. Et il a été tué un jour de bataille, à côté du feu roi Antoine de Bourbon.

— Je sais cela.

Et Noë qui ne devinait pas encore où Malican en voulait venir, Noë ajouta :

— Les Lussan sont de bonne roche; ils étaient cousins des d'Albret, les ancêtres maternels du prince Henri.

— Vous voyez donc bien, ajouta Malican, qu'à tout prendre, celui qui épousera mademoiselle de Lussan...

— Hein? fit Noë qui tressaillit.

— Ne se mésalliera pas complétement, acheva le cabaretier.

— Comment! s'écria Noë, il a laissé une fille?...

— Une fille qui a de beaux yeux et que vous aimez...

— Myette!

— Hé! oui...

Noë eut un terrible battement de cœur.

— Ah! balbutia-t-il; serait-ce possible, mon Dieu!

— C'est vrai, monsieur de Noë.

— Myette est la fille du marquis?

— Sa propre fille.

— Ainsi... elle est... noble?

— Et du meilleur sang du Béarn.

Noë poussa un cri de joie.

— Mais alors, dit-il, tu peux remettre tes pistolets dans ta poche, Malican.

— Ah ! ah !

— Tu n'en as plus que faire...

— Vraiment?

— J'épouse, te dis-je.

Malican se prit à rire et appela :

— Myette ! Myette !

Mais Myette ne répondit pas.

— Oh ! oh ! murmura le cabaretier, bouderait-elle, par hasard?

Il s'élança vers l'escalier par où Myette avait disparu, et tout à coup Noë, qui le suivait, entendit une exclamation de surprise et presque d'effroi.

Myette qui, du haut de l'escalier, avait écouté la conversation de Noë et de son oncle, était en proie à une émotion telle qu'il lui était impossible de parler ni de faire un pas.

— Bon ! exclama le cabaretier qui courut à elle, vas-tu pas, maintenant, t'évanouir?...

Myette se jeta au cou de son oncle et fondit en larmes.

En ce moment Noë survint et lui dit gravement :

— Madame la comtesse de Noë, calmez-vous...

Myette jeta un cri et faillit se trouver mal.

Noë la prit dans ses bras et redescendit avec Malican.

Mais déjà un quatrième personnage s'introduisait dans le cabaret et semblait s'étonner de le trouver désert.

Ce personnage n'était autre que le prince Henri de Bourbon, futur roi de Navarre, lequel ronflait cependant comme le bourdon d'une cathédrale lorsque Noë était sorti sur la pointe du pied de l'hôtel Beauséjour.

En voyant reparaître Malican qui marchait plus fier qu'un bedeau de cathédrale, et Noë qui emportait Myette éperdue dans ses bras, Henri devina ce qui venait de se passer.

— Allons ! dit-il en riant, je le vois, ma bague a produit son effet.

— Ah ! fit Noë qui tressaillit et se prit à regarder curieusement le prince.

Et il se souvint qu'en lui remettant cette bague, Henri lui avait dit : « C'est un signal entre Malican et moi. »

Henri souriait toujours; mais au lieu de donner aucune explication directe à Noë, il se tourna vers Malican :

— As-tu été bien féroce ? dit-il.

— Mais... pas mal... répondit le cabaretier en souriant.

— Tu t'es servi de tes pistolets ?

— Dame ! je les ai montrés...

— Ah ! mon pauvre Noë, dit Henri, en quel guêpier t'es-tu fourré !

Mais Noë ne prenait point garde aux paroles du prince. Il était agenouillé devant Myette et lui baisait les deux mains avec transport.

Cependant l'histoire de la bague l'avait assez intrigué pour qu'il finît par en demander l'explication.

— Noë, mon bel ami, dit alors le prince, il était convenu entre Malican et moi que je lui enverrais ma bague aussitôt que tu aurais avoué ton intention d'épouser Myette, si Myette était de noblesse. J'ai tenu ma promesse, en raison de notre conversation d'hier au soir.

— Très-bien, fit Noë.

— La petite scène violente que Malican t'a jouée était également convenue.

— A merveille !

— Et ma mère, la reine Jeanne, va se charger de chaperonner Myette désormais, attendu qu'il n'est pas convenable que la fille d'un gentilhomme, l'épouse future d'un comte de Noë, vive dans un cabaret.

— Hé! dit Noë, qui avait peu à peu reconquis sa présence d'esprit, elle y a vécu assez longtemps, ce me semble.

— Ah! ceci, répliqua Malican, tient à des raisons toutes particulières.

— C'est vrai, dit Henri.

— Peut-on les connaître? demanda Noë.

— Certainement.

— Voyons.

Et Noë, tenant toujours les deux mains de Myette dans les siennes, s'assit à la même place où il parlementait tout à l'heure avec Malican, à deux longueurs de pistolet.

Malican prit la parole :

— Myette est la fille du marquis du Lussan et de Rose Malican ma sœur. Le marquis a épousé Rose en pleine cathédrale de Pau, attendu qu'il était catholique, et Myette est une fille très-légitime.

— Bon! dit Noë.

— Mais Rose, ma pauvre sœur, est morte.

— Ah!

— Et trois ans après, le marquis s'est fait tuer.

— Je sais cela.

— Ce qui fait que Myette était orpheline, poursuivit Malican, et qu'elle n'avait d'autre protecteur que le comte de Lussan, frère de son père, et le pauvre cabaretier Malican, frère de sa mère.

— Cela ne m'explique pas encore, dit Noë, pourquoi...

— Chut! fit Henri.

Malican reprit :

— Le comte de Lussan est de bonne maison, c'est connu, mais il est avéré aussi par tout le Béarn que c'est un gentilhomme peu scrupuleux...

— Je l'ai ouï dire, murmura Noë.

— Il rançonne ses vassaux, il fait pendre les juifs et les lombards qui lui ont prêté de l'argent ; il lorgnait d'un œil d'envie les belles seigneuries de feu son frère le marquis de Lussan.

— Ah! diable!...

— Alors, voyez-vous, continua Malican, je ne suis qu'un cabaretier, mais j'ai toujours passé pour un garçon qui voit les choses de loin. Et j'ai pensé...

Malican s'arrêta, essayant de compléter sa phrase par un fin sourire.

— Va toujours, dit le prince. Je connais le Lussan, on peut en parler.

— Je me disais donc quelquefois, reprit Malican, que si je laissais ma jolie Myette aux soins de son oncle, il pourrait bien, un jour ou l'autre... à cause des belles seigneuries... Vous comprenez? un enfant... ça meurt facilement.

— Comment! interrompit Noë, Myette a des seigneuries?

— Sans doute.

— Elle est riche?

— Très-riche, dit Henri.

— Je rêve!... balbutia le jeune homme, et tout cela me paraît impossible.

— Monsieur le comte de Noë, dit alors Malican, vous le voyez, Myette a des parchemins, des écus, et elle est belle... Il est vrai qu'elle a aussi un brave homme d'oncle qui est cabaretier; mais soyez tranquille, une fois le mariage accompli, je m'en irai vivre dans un coin... j'ai des économies... et puis, si jamais j'allais vous voir... eh bien! vous m'enverriez dîner à l'office.

— Ah! Malican, s'écria le prince, tu railles, mon ami, attendu que tu es un honnête homme, que de plus tu es montagnard, et qu'en notre pays c'est presque un premier degré de noblesse.

Noë ne dit rien, mais il embrassa cordialement Malican.

Myette pleurait de joie.

En ce moment une ombre se dessina sur le seuil inondé de lumière et une femme parut.

C'était Nancy, Nancy la jolie soubrette, la fine mouche, l'amie de madame Marguerite, l'idole du page Raoul.

Nancy, qui souriait d'ordinaire et dont l'œil pétillait toujours de malice, Nancy fronçait le sourcil; elle avait un air soucieux qui sembla de mauvais augure au prince de Navarre.

—Quelle nouvelle fâcheuse m'apportes-tu, Nancy, ma mignonne, lui demanda-t-il, et qu'est-il donc arrivé?

XVI

Nancy jeta un regard sur Noë et Myette qui se tenaient toujours par la main en présence de Malican.

— Hum! dit-elle en clignant l'œil, est-ce que M. de Noë... se... mésallie?

— Ma petite, répondit Noë, j'épouse Myette.

— Ah bah!

— Laquelle est de fort bonne noblesse.

— Plaît-il?

— C'est vrai, dit Malican avec la gravité d'un grand parent.

Mais Nancy, au lieu de demander des explications sur la noblesse de Myette, noblesse qu'elle n'avait point soupçonnée jusque-là, Nancy, disons-nous, fronça le sourcil de plus en plus.

— Tant pis! dit-elle.

— Hein? fit Noë.

— Pourquoi ce *tant pis?* demanda Henri de Navarre.

Nancy retourna jusqu'au seuil de la porte et s'assura que personne ne rôdait dans les environs.

— Tu peux parler ici, Nancy ma mignonne, dit le prince; Malican et sa nièce sont nos amis.

— Hélas! dit Nancy.

— Oh! oh! fit Malican, vous n'êtes pas aimable pour nous, m'amzelle Nancy.

— C'est parce que je vous aime...

Et Nancy, de plus en plus sérieuse, s'assit et regarda fixement le prince :

— Votre Altesse a-t-elle donc perdu la mémoire? dit-elle.

— A propos de quoi parles-tu ainsi, mignonne?

— Elle a exigé de madame Catherine, en échange de la vie de René, un serment...

— Parbleu! répondit le prince.

— Un serment qui sauvegarde Votre Altesse, M. de Noë, la belle argentière et M. de Pibrac.

— Et depuis lors, ajouta Henri, nous vivons fort tranquilles et nous dormons sur les deux oreilles.

— C'est un tort, dit Nancy.

Le prince fit un geste de surprise.

— Ah çà! dit-il, madame Catherine oserait-elle donc manquer à sa parole ?

— Non.

— Eh bien! alors ?...

— Mais le serment qu'elle a fait ne sauvegarde point la future comtesse de Noë... et le jour où elle saura que... Myette...

Noë tressaillit et pâlit.

— Heureusement, dit Henri, que Myette va entrer aujourd'hui même à l'hôtel Beauséjour, où elle sera sous la protection de la reine ma mère.

Nancy secoua la tête.

— La reine Jeanne, dit-elle, n'est pas non plus sauvegardée par le serment.

— Oh! oh! exclama Henri se redressant avec fierté, tu me la bailles belle, ma mignonne! on ne touche pas à ma mère...

— Monseigneur, dit Nancy, vous vous trompez... la reine Catherine hait la reine de Navarre...

— C'est possible, mais...

— Et je vous jure, continua la camérière, qu'à votre place je me hâterais d'épouser madame Marguerite.

— Nancy, mon enfant, dit le prince, je suis tout à fait de l'avis de madame Marguerite.

— Comment cela, monseigneur ?

— Elle prétend que tu vois tout en noir.

— Comme Cassandre, prince.

— Bah ! tu es folle.

— D'abord, reprit Nancy sans se déconcerter, je vais vous faire une confidence.

— Parle...

— Je ne sais où madame Catherine a passé la soirée, mais je puis vous affirmer que lorsqu'elle est rentrée au Louvre, il était plus de minuit.

— Bah! fit le prince étonné. Comment sais-tu cela?

— Ah! répliqua Nancy, vous savez que je suis un peu noctambule...

— Peste! dit le prince, tu te sers d'un mot que je ne comprends guère.

Nancy se prit à sourire :

— Madame Marguerite, qui sait le latin, dit-elle, m'a expliqué que cela voulait dire *marcher pendant la nuit.*

— Très-bien. Ainsi, tu es noctambule ?...

— C'est-à-dire que j'aime assez me promener par les corridors sans lumière, écouter aux portes par-ci par-là, saisir un mot à droite et à gauche.

— Et tu as vu rentrer madame Catherine?

— Précisément.

— Seule?

— Toute seule, enveloppée dans son manteau...

— Ceci est bizarre...

— Et vêtue en cavalier.

— Tu railles.

— C'est la vérité pure, monseigneur.

— Tu te seras trompée... la reine-mère n'oserait point se travestir ainsi.

— Je suis sûre de mon fait. J'étais accoudée à une fenêtre qui donne sur la rivière et j'ai cru entendre un bruit de voix tout au bord de l'eau. J'ai l'oreille fine et, à un certain moment, il m'a semblé que c'était la voix de René que j'entendais. Alors je suis descendue et j'ai trouvé à la poterne un Suisse de ma connaissance.

— Est-ce celui qui dort quand on tousse?

— Justement.

— Et c'est de lui que tu tiens?

— Non, c'est moi-même. Écoutez...

— Voyons? dit Henri curieux.

— Le Suisse, reprit Nancy, avait un grand manteau ; moi, je suis petite et mignonne, comme vous oyez, et je me suis mise dessous.

— Ah ! ah !

— De sorte que j'ai vu, sans qu'il me vît, et grâce la lanterne suspendue au dessus de la porte, entrer un cavalier.

— Et ce cavalier?...

— C'était madame Catherine.

A son tour Henri fronça le sourcil.

— D'où venait-elle donc? murmura-t-il.

— Je ne sais pas. Mais je puis vous affirmer que lorsque madame Catherine prend la peine de sortir du Louvre sans escorte et qu'elle y rentre si tard, c'est qu'elle a quelque sinistre et hardi projet en tête.

— Mais enfin, devines-tu quelque chose ?

— Je sais qu'elle abhorre la reine de Navarre.

— Comment le sais-tu?

— J'ai surpris un regard de haine qu'elle jetait sur elle.

Henri eut un fier sourire.

— Ma mère est bien gardée à l'hôtel Beauséjour, dit-il.

— Peut-être, fit Nancy.

— Elle a autour d'elle trente gentilshommes dévoués et braves... dont l'épée est plus longue et mieux trempée que les poignards des estafiers de madame Catherine.

Nancy haussa les épaules.

— Fi! monseigneur, dit-elle, madame Catherine est une princesse trop courtoise pour faire assassiner

LES GALANTERIES DE NANCY LA BELLE 215

ne reine qu'elle exècre, mais que, après tout, elle
craint.

— Alors qu'ai-je à craindre ?

— Mais, ajouta Nancy, il pourrait se faire que
René le Florentin...

A ce nom, Myette et Noë pâlirent de nouveau et
Malican se gratta l'oreille d'un air embarrassé.

Seul, le prince demeura impassible.

— Il pourrait se faire, continua Nancy, que René
le Florentin, qui ne peut plus toucher à Votre Altesse, songeât à être agréable à madame Catherine.

— Et comment ?

— René est un habile chimiste, monseigneur.

Henri tressaillit.

— Il confectionne des poisons merveilleux et subtils...

— Ah ! tais-toi !...

— Des poisons qui se glissent dans l'air qu'on
respire, dans l'eau et le vin dont on s'abreuve, dans
le feu auquel on se réchauffe, dans le pain qu'on
rompt, dans les aliments qu'on a, par défiance, préparés pour soi.

— Nancy, dit le prince, dussé-je préparer de ma
main les repas de ma mère...

— Il y aurait mieux que cela, monseigneur.

— Quoi donc ?

— Ce serait d'avoir un otage qui répondît de René.

— Je ne comprends pas, fit Noë.

— Ni moi, murmura Malican.

— Mais moi, dit Henri, j'ai compris, et Nancy a raison. Puis il se pencha à l'oreille de la camérière.

— Tu veux parler de Paola, dit-il.

— Justement.

— Nancy, ma mignonne, tu pourras t'en retourner au Louvre et y demeurer tranquille. Avant demain la vie de Paola me répondra de celle de ma mère.

— C'est bien ! dit Nancy. Bonsoir, monseigneur, vous être prévenu.

Et Nancy s'en alla.

. . . .

Or, pour savoir au juste sur quoi comptait l prince Henri de Navarre relativement à Paola, i est nécessaire de nous reporter à la nuit précédent et de retourner au pont Saint-Michel où nous avon laissé la bohémienne Farinette, le prince Henri e Noë assistant, à travers les fentes de la devanture au premier pansement de René le Florentin.

Farinette, on s'en souvient, apprenant l'origine d Paola, avait murmuré à l'oreille du prince : « C n'est pas René que je frapperai maintenant, c'est s fille. »

Henri lui prit le bras, le serra avec force et lui dit :

— Tais-toi !

Puis il l'entraîna loin de la boutique, à l'extrémité du pont, et fit signe à Noë de les suivre.

— Ma fille, dit-il alors à Farinette, tu n'as plus nul besoin de demeurer ici.

— Pourquoi ?

— L'heure n'est point sonnée pour toi de te venger de René.

— Ah ! ah ! ricana Farinette. Je suis pressée, pourtant.

— Moi aussi.

— Vous !

— Moi, dit Henri avec calme, je hais René plus que toi.

— Eh bien ! laissez-moi faire alors... je vous vengerai en me vengeant moi-même.

— Pas encore...

— Pourquoi donc?

— Écoute, répliqua le prince, si je te dis qui je suis, croiras-tu ensuite à mes paroles?

— Peut-être... car vous avez l'air d'un loyal gentilhomme.

Henri se pencha vers elle.

— Je hais René, dit-il, parce que je snis huguenot et qu'il est l'ennemi acharné de tous ceux de la religion.

— Ah! comment vous nommez-vous?

— Je te le dirai, si tu me fais le serment de ne le point révéler.

— Je vous le jure sur les cendres de Gascarille.

— Ce serment me suffit, dit le prince.

Et il ajouta :

— Je me nomme Henri de Bourbon et je dois être roi de Navarre.

Farinette étouffa un cri et s'inclina pleine de respect.

— Maintenant, reprit Henri, si je te dis que je hais René autant et plus que toi, me croiras-tu ?

— Certes, oui.

— Je le hais plus que toi, vois-tu, parce que sa mort ne suffirait point à ma vengence. Je veux le frapper dans son orgueil, dans son pouvoir, dans l'affection qu'il a pour sa fille. Comprends-tu ?

— Oui, je comprends.

— Et je te vais associer à ma vengeance...

— Ordonnez, je suis prête.

Un feu sombre brillait dans les yeux de Farinette.

Le prince l'entraîna sous la lanterne du pont et lui présenta sa main gauche.

— Regarde bien cette bague, dit-il.

Il lui montrait l'anneau du feu roi Antoine de Bourbon.

— Je la reconnaîtrais au bout de dix ans, répondit la veuve du supplicié.

— Eh bien! le jour où un homme se présentera à toi porteur de cette bague...

— Il viendra de votre part, n'est-ce pas?

— Oui, et tu feras ce qu'il te dira, car j'ordonnerai par sa bouche.

— J'obéirai, monseigneur.

Le prince sembla réfléchir :

— Tu es aimée, n'est-ce pas, à la cour des Miracles ?

— Les uns m'aiment d'amour, et ils espèrent fléchir mon cœur, dit Farinette avec ironie, comme si un cœur qu'un mort emplit pouvait jamais retourner aux vivants.

— Et... les autres ?...

— Les autres aimaient Gascarille, et ils m'aiment. D'autres enfin me craignent... parce que le duc d'Égypte m'a prise sous sa protection.

— C'est-à-dire, observa Henri, que les truands et les tire-laines t'obéissent comme à une reine ?

— A peu près.

— Et que tu peux compter sur eux ?

— A toute heure de nuit et de jour, surtout de nuit.

— Eh bien ! retourne parmi eux, oublie René et sa fille, et attends patiemment que je t'envoie un messager porteur de ma bague. Adieu ! Farinette.

Le prince serra la main de la bohémienne et il reprit le bras de Noë.

— Ah ! un moment, dit-il avant de s'éloigner de Farinette, où te trouvera-t-on ?

— Rue du Grand-Hurleur, dans la maison d'un drapier. On n'aura qu'à demander Farinette. Bonsoir, messeigneurs.

Et, à son tour, Farinette salua les deux jeunes gens et s'en alla d'un pas rapide vers l'autre côté de l'eau.

Farinette traversa de nouveau la Cité et le pont au Change, laissant bien loin derrière elle Henri et Noë qui s'en revenaient à pas lents ; elle remonta vers la rue Saint-Honoré et gagna celle du Grand-Hurleur, rue étroite, malsaine, où ni la lune ni le soleil ne pénétraient qu'à de longs intervalles.

Ce que Farinette avait appelé la maison du drapier n'était, à vrai dire, qu'une sorte de bicoque bâtie en argile, en vieilles solives, construction informe qui abritait le commerce borgne d'un revendeur d'habits, affilié d'assez loin avec les compagnons de la cour des Miracles.

Cet homme, qui se nommait la Grive, logeait Farinette en un grenier qui formait le couronnement de sa maison.

La bohémienne tira de sa poche un long clou et le mit, en guise de clef, dans le trou percé dans la porte d'entrée, à la place de la serrure.

A l'aide de ce clou, elle souleva un loquet intérieur et la porte s'ouvrit.

— Qui est là? demanda une voix enrouée.

— C'est moi, Farinette.

— Eh bien! demanda la voix, qui partait du fond de l'unique pièce qui formait le rez-de-chaussée de la maison, as-tu trouvé ton homme?

— Non, répondit Farinette, qui jugea inutile de raconter au revendeur son aventure.

Une échelle était le seul escalier qui conduisît au grenier de Farinette.

La bohémienne grimpa après cette échelle, poussa une porte, pénétra à tâtons dans un réduit de quelques pieds de large, et, dédaignant de se procurer de la lumière, elle se jeta toute vêtue sur un monceau de guenilles entassées en guise de lit.

Farinette avait enduré l'air froid de la nuit, elle avait marché, elle avait couru, elle avait eu la fièvre...

C'en était assez pour lui faire éprouver une

19.

grande lassitude et bientôt elle s'endormit profondément.

Elle dormait depuis plusieurs heures, lorsque la voix du revendeur la Grive la réveilla brusquement.

— Hé! Farinette? criait le marchand de vieux habits.

— Que voulez-vous? répondit-elle en bâillant et se frottant les yeux.

— C'est un homme qui veut te parler.

Farinette eut comme un pressentiment. Elle se leva et descendit.

L'homme qui voulait parler à Farinette était un bourgeois fort proprement vêtu, mais dont le béret rouge, en manière de chapeau, attestait l'origine méridionale.

C'était Malicàn.

— Tiens, dit la bohémienne qui rassembla ses souvenirs, est-ce que vous n'êtes pas un cabaretier?

— Oui, mon enfant.

— De la place Saint-Germain-l'Auxerrois?

— Justement.

— Le cabaretier Malican?

— Pour vous servir, dit le Béarnais, qui trouvait Farinette fort à son goût.

— Que me voulez-vous?

— Vous parler.

— De la part de qui ?

Malican tira de sa poche un petit objet qu'il mit sous les yeux de la jeune fille.

— Connaissez-vous cela ? dit-il.

— Oui, c'est la bague du prince.

Et l'œil de Farinette étincela.

— Le prince m'a chargé de vous dire qu'il fallait, la nuit prochaine, enlever la fille que vous savez.

— Et la tuer, n'est-ce pas ?

— Non, mais la garder prisonnière, sans lui faire aucun mal, tant que je vous viendrai voir tous les jours.

— Et si... un jour... vous ne veniez plus ?

— Ah ! dame ! fit Malican, le prince vous le dira. Tout ce que je sais, c'est qu'il vous enjoint de ne lui faire aucun mal.

— C'est bien.

Malican remit la bague dans sa poche et s'en alla.

Le soir, Farinette prit le chemin de la cour des Miracles et pénétra dans le cercle de lumière décrit par le feu que les truands allumaient chaque nuit et autour duquel les paralytiques dansaient, tandis que les aveugles, gravement assis, interrogeaient les astres.

— Vive Farinette ! cria-t-on en voyant apparaître la belle et robuste créature.

XVII

La cour des Miracles d'alors n'était déjà plus la cour des Miracles du bon temps, en vertu de cette loi terrestre qui veut que chaque chose dégénère à son heure.

Ce n'était plus cette réunion splendide et grotesque à la fois d'un peuple qui obéissait à un souverain unique, professait une religion à part, avait des lois particulières.

Depuis le feu roi Louis XI, les monarques ses successeurs s'étaient attachés à diminuer l'importance de ce royaume de la Bohême, enclavé dans Paris.

On avait élargi les rues voisines, sapé les vieilles maisons où pullulaient les truands ; çà et là même on avait établi un poste d'archers.

Cependant, comme les prêtres d'un culte qui s'éteint et dont on a renversé l'autel, quelques adeptes fervents se pressaient encore à l'entour des ruines du temple.

Le roi de Bohême régnait mal, mais il régnait.

Il avait même un premier ministre qui se nommait le duc d'Égypte, un connétable qu'on appelait le baron des Castilles, un fou qui, en mémoire d'un personnage célèbre, s'intitulait pompeusement Triboulet II.

Le roi de Bohême ne régnait que la nuit, et ses sujets épars ne se groupaient point dans le jour autour de son trône ébranlé.

Le jour, le roi de Bohême s'appliquait un ulcère sur la jambe gauche, un bandeau noir sur l'œil droit, et il se traînait péniblement sur deux béquilles jusqu'au porche de l'église Saint-Eustache, où il avait une place de mendiant, dont il payait la location un écu d'or.

Le duc d'Égypte était bateleur de son état diurne. On le voyait danser sur la corde à l'entrée du pont au Change, et, le dimanche, jouer à la paume au *jeu du Mail*.

Le baron des Castilles était sourd-muet de profession, et parfois, les jours de grande fête, il ajoutait à ces fonctions celle d'aveugle de naissance.

On le voyait jouer de la flûte sur le seuil du couvent des Filles-Dieu.

Mais, quand la nuit venait, surtout quand elle était sombre, le roi de Bohême reprenait son sceptre, le duc d'Égypte son portefeuille de ministre, le baron des Castilles son épée de connétable.

On allumait un grand feu au milieu de la cour des Miracles, et les truands se réunissaient à l'entour.

Les ribaudes dansaient et chantaient, les homme buvaient, les enfants se roulaient dans la poussièr ou dans la boue fangeuse.

Dès minuit, l'orgie commençait.

Rarement le chevalier du guet osait pénétrer jusqu'en ce terrible sanctuaire de la débauche et du crime. Il fallait même un cas extraordinaire, quelque chose comme un ordre formel du roi de France, pour que les archers osassent en approcher.

Or, ce soir-là, comme la nuit était noire, les truands étaient accourus de tous les points cardinaux de Paris, et jamais assemblée n'avait été plus nombreuse.

Monté sur un tonneau vide qui lui servait de trône, le mendiant du porche de Saint-Eustache était redevenu roi, et ses sujets lui présentaient avec respect un vaste hanap d'étain rempli d'un mauvai: vin aigrelet.

Une jeune fille dansait aux pieds du roi de Bohême, chantant un refrain grivois, et comme elle ansait à merveille et qu'elle était belle, presque ussi belle que Farinette, les tire-laines applaudissaient et disaient :

— Voilà un beau brin de fille, et celui qui a cassé a cruche est un heureux compagnon.

Tout à coup Farinette se montra dans le cercle de umière décrit par le brasier.

La ribaude cessa de danser en la voyant, et le roi e Bohême lui fit signe de se venir asseoir auprès e lui.

Farinette monta sur le tonneau et dit au roi

— Veux-tu faire faire silence?

— Pourquoi, ma fille?

— Pour que je puisse parler.

Le roi se dressa et cria :

— Silence, tout le monde! Farinette va parler.

A la voix de leur souverain, les truands se turent t les enfants eux-mêmes s'arrêtèrent et suspendirent leurs jeux.

— Parle, ma fille, dit alors le roi se tournant vers arinette.

Farinette se plaça debout sur le tonneau, mit un oing sur la hanche et dit :

— Compagnons de la cour des Miracles, vous savez que Gascarille est mort?

— Oui, oui, pauvre Gascarille! murmura-t-on à la ronde.

— Et que j'ai juré de le venger? ajouta-t-elle.

— Nous aussi, répétèrent les sujets du roi de Bohême.

— Eh bien! l'heure est venue, reprit lentement Farinette.

Un long murmure de satisfaction s'éleva parmi les truands.

— Faut-il mettre le feu au Louvre? demanda un jeune bohême qui ne doutait de rien.

— Ou bien assiéger le Châtelet? dit un vieillard qui se souvenait du bon temps.

— Ni l'un ni l'autre.

— Ah! ah! fit-on.

— Parle, ma fille, répéta le roi de Bohême qui éleva la voix avec un accent d'autorité. Ce que tu diras sera bien dit, ce que tu feras sera bien fait, ce que tu ordonneras sera exécuté.

— Vive Farinette! cria la foule.

— Il me faut trois hommes résolus, reprit la veuve de Gascarille.

— Tu en auras cent.

— Non, il ne m'en faut que trois.

—Moi! moi! moi! crièrent vingt truands à la fois.

— Laissez-moi choisir, dit Farinette.

Elle promena son regard sur la foule et étendit sa main vers un garçon robuste et bien découplé qu'on appelait Cœur-de-Loup.

Cœur-de-Loup était un des plus hardis de la cour des Miracles. Il s'était évadé vingt fois du Châtelet; un jour que le bourreau l'avait pendu, il avait trouvé moyen de se dépendre et de retomber sain et sauf sur ses deux pieds.

De plus, Cœur-de-Loup avait été l'ami de Gascarille. Il poussa un cri de joie en se voyant désigné le premier.

— Vive Farinette! dit-il.

Puis, fendant la foule, il vint se placer au bas du tonneau qui servait de trône au roi de Bohême et de piédestal à Farinette.

La jeune fille, après avoir désigné Cœur-de-Loup, arrêta son deuxième choix sur un petit homme court et trapu, aux cheveux grisonnants, qui le jour était aveugle sur le pont Saint-Michel.

On le nommait Courte-Haleine.

Courte-Haleine imita Cœur-de-Loup et vint s'asseoir auprès de lui.

Farinette cherchait du regard son troisième complice.

Tout à coup elle avisa une sorte de colosse aux lèvres épaisses, au regard bestial, dont la grosse voix faisait trembler les vitres d'un cabaret lorsqu'il était en train de boire.

— Holà ! Bourdon, cria Farinette.

Bourdon, à qui sa voix de stentor avait sans doute valu ce sobriquet, poussa une exclamation sauvage et se joignit à ses deux compagnons.

Farinette sauta à pieds joints du tonneau sur le sol.

— Venez ! dit elle.

— Mais où vas-tu donc, petite ? demanda le roi de Bohême.

— C'est mon secret.

— Tu as des secrets pour moi ? fit le monarque des gueux d'un ton de reproche.

— Je confie les secrets qui m'appartiennent.

— Ah ! ah !

— Et je garde ceux qui ne sont pas à moi.

Ayant ainsi parlé, Farinette fit un signe à ses trois complices.

— Place ! cria-t-elle.

Le cercle des truands et des bohémiens s'écarta, la chaîne se rompit et Farinette s'éloigna, suivie de Cœur-de-Loup, de Courte-Haleine et de Bourdon.

Quand elle fut hors de la cour des Miracles, elle se retourna vers eux et leur dit :

— Maintenant, écoutez-moi.

— Parle, dit le colosse.

— Je vous ai choisis pour me suivre et exécuter mes ordres.

— Nous sommes prêts.

— Mais non pour les discuter. Ce que je vous ordonnerai, vous le ferez, n'est-ce pas?

— Nous le ferons, répondit Courte-Haleine.

— Sans observation?

— Sans aucune.

— Jurez-le-moi! car, dit Farinette, si la besogne que je vous ai commandée vous répugne, je vais retourner en chercher d'autres.

— Tu es folle, murmura Cœur-de-Loup, tu sais bien que nous ferons tout ce que tu voudras. Veux-tu que j'incendie Paris?

— Non, je vais vous demander quelque chose de plus difficile.

— Oh! oh! fit Cœur-de-Loup.

Le colosse Bourdon regarda Farinette d'un air hébété et se contenta de hocher la tête de haut en bas.

Courte-Haleine chercha à deviner.

— Voyons! reprit Farinette, me jurez-vous sur la corde de Gascarille de m'obéir aveuglément?

— Nous le jurons, répondirent-ils tous trois.

Alors Farinette leur dit :

— Nous allons enlever une fille.

— Est-elle jolie? demanda Cœur-de-Loup.

— Elle est jeune et belle.

L'œil du colosse brilla d'une expression féroce, et celui qu'on appelait Courte-Haleine fit entendre un grognement de satisfaction.

— Nous allons l'enlever, poursuivit Farinette; mais, après l'avoir enlevée...

Les trois truands eurent un sourire qui les dispensait de tous commentaires; puis, après avoir souri, ils se regardèrent mutuellement avec défiance.

— Elle ne sera pas ta conquête, j'imagine, dit Cœur-de-Loup à Courte-Haleine, tu es trop vieux...

— C'est ce que nous verrons; je suis vieux, c'est vrai, mais il est encore plus d'un cabaret où l'on m'a trouvé bien tourné.

— Et moi, dit le colosse, comme je suis le plus grand et le plus fort, je trancherai la question.

— Bah! fit Cœur-de-Loup.

— Je t'étranglerai, jeune coq.

Courte-Haleine ferma les poings.

— Moi, dit-il, je te sauterai à la gorge.

Le colosse leva les épaules.

— Eh bien! s'écria Farinette, qui voulut mettre fin à cette querelle, ce ne sera ni Cœur-de-Loup, ni Courte-Haleine, ni Bourdon, ni personne qui disposera de la prisonnière.

— Ah bah! firent-ils tous trois.

— Nous allons enlever la jeune fille, poursuivit Farinette, mais nous la respecterons et ne lui ferons aucun mal.

— Pourquoi l'enlever alors?

— Avez-vous juré de m'obéir? demanda sèchement Farinette.

— Oui, dit Cœur-de-Loup.

— Eh bien! venez...

Farinette les entraîna vers le pont au Change et au moment où ils le franchissaient, elle leur dit :

— C'est la fille de René que nous allons enlever.

— De René le Florentin? interrogea le faux aveugle.

— Oui.

— Elle est belle... Je la vois tous les jours... et il faudra...

— La respecter comme vous me respectez moi-même, dit Farinette avec autorité.

. . . .

Tandis que l'Artémise de l'infortuné Gascarille songeait à exécuter les ordres du prince de Navarre, Paola et Godolphin causaient au fond de la boutique du pont Saint-Michel.

20.

Godolphin, vu l'heure avancée, avait fermé la porte.

Cependant René avait, en sortant le matin, annoncé qu'il rentrerait dans la soirée.

— Attendez-moi ! avait-il dit.

Tout à coup on frappa à la porte.

— Voici mon père, dit Paola.

Godolphin, sans défiance, alla ouvrir. Mais tout aussitôt, et comme la porte s'entre-bâillait, il fut repoussé violemment en arrière, et Farinette se précipita dans la boutique suivie des trois truands.

— A moi ! à moi ! s'écria Paola épouvantée. A moi, mon père ?

Mais René n'était pas là, René était au Louvre sans doute.

Farinette s'élança sur l'Italienne, lui noua ses mains nerveuses autour du cou et lui dit :

— Tais-toi, ou je t'étrangle !

Pendant ce temps, Courte-Haleine et Cœur-de-Loup avaient terrassé Godolphin et le bâillonnaient.

— Faut-il l'emporter aussi ? dirent-ils.

— Non, laissez-le ici, répondit-elle.

Et la bohémienne ajouta :

— C'est à la fille seule que j'en veux, puisque mon bras a tremblé quand j'ai frappé le père.

Paola était évanouie. Le colosse la chargea sur ses épaules et l'emporta.

XVIII

Nous avons laissé René le Florentin dans son laboratoire, en compagnie de Godolphin et de Paola, qui tous deux avaient trempé dans la préparation mystérieuse de la paire de gants.

Lorsque l'opération fut achevée, le Florentin replaça les gants empoisonnés au-dessus et ferma le coffret.

— Maintenant, dit-il à sa fille, tu vas me panser de nouveau, et tu me serreras fortement une bande de toile autour de la taille.

— Est-ce que vous allez sortir? demanda Paola.

— Oui, je vais au Louvre.

— Prenez garde, mon père... ainsi blessé, peut-être commettez-vous une imprudence?

— Il faut que je voie la reine.

— Godolphin ne pourrait-il y aller?

— Impossible.

Paola savait que René avait une volonté inflexible.

Elle courba la tête et se tut.

Dix minutes après, René, encore un peu pâle, un peu chancelant, mais résolu, quittait sa boutique du pont Saint-Michel et s'en allait.

Mais ce ne fut pas vers le Louvre, tout d'abord, que le parfumeur se dirigea. Arrivé à la place du Châtelet, il la traversa et gagna la rue Saint-Denis.

Vers le milieu de la rue Saint-Denis, à peu près en face l'église Saint-Leu-et-Saint-Gilles, on voyait une fort belle boutique au dessus de laquelle on lisait en grosses lettres de cuivre doré :

Au lion de Venise,
Pietro Doveri, gantier du roi.

L'Italien Pietro Doveri était un Vénitien que le Conseil des Dix avait condamné à mort et qui était parvenu à s'échapper en se jetant à la nage, au moment où la gondole du grand justicier le conduisait au supplice.

Pietro Doveri était venu s'établir à Paris un peu après René le Florentin, et il s'était mis à lui faire une concurrence acharnée.

Le roi Charles IX, en haine de René, avait donné sa pratique à Pietro Doveri et lui avait permis de s'intituler *gantier et parfumeur du roi*. René avait conçu pour le Vénitien une haine violente, et on sait ce que valait la haine de René.

Cependant, ce jour-là le Florentin s'en alla tout droit chez son rival et entra dans la boutique avec le calme d'un client qui vient faire emplette.

Un jeune homme assis au comptoir se leva et vint à sa rencontre.

Ce jeune homme était un Flamand du nom de Thibaud que Pietro Doveri avait pour commis.

A la façon dont il salua René, on eût deviné qu'il avait avec lui de secrètes intelligences.

— Où est ton maître? demanda le Florentin.

— Thibaud sourit.

— Votre Seigneurie, dit-il, sait bien que mon maître est absent de Paris depuis huit jours.

— Tu me l'as dit, en effet, avant-hier, lorsque je t'ai rencontré.

— C'est vrai, et il ne reviendra que demain.

— Tu ne m'as pas dit où il était.

— Il est à Orléans, où il y a un jardinier très-habile qui lui vend des fleurs pour composer ses pommades.

— Très-bien!

— Que dois-je faire pour votre service ? demanda Thibaud.

Pour expliquer cette question du Flamand, il est nécessaire de dire qu'il était vendu corps et âme à René, qu'il tenait au courant des découvertes chimiques et des inventions de Pietro Doveri.

René ouvrit son manteau et en tira le coffret à gants.

— Comment trouves-tu cela ? dit-il.

— Oh ! le merveilleux travail ! dit le Flamand.

— Eh bien ! dit René, c'est un cadeau que je veux faire à Pietro Doveri.

— Bah ! fit Thibaud d'un air incrédule, vous plaisantez ?

— Non.

— Cependant Votre Seigneurie n'aime point assez mon maître...

— Je le hais de toute mon âme.

— Alors, dit Thibaud avec son flegme de Flamand, c'est la première fois que je vois faire un cadeau à un ennemi.

René sourit.

— Hier, dit-il, au souper du roi, madame la reine de Navarre a témoigné le désir d'acheter des gants et des parfums chez moi. Elle voulut, en cela, être agréable à la reine-mère, ma protectrice.

— Je le crois bien, murmura Thibaud.

— Mais le roi, qui me hait presque autant que je hais Pietro Doveri, le roi s'est empressé de lui dire :

— Ne faites point cela, madame, René tient des marchandises de rebut et des parfums éventés. Allez-vous-en plutôt chez mon gantier, Pietro Doveri, et là vous verrez qu'on vous servira royalement.

— Ah ! ah ! dit Thibaud, le roi a dit cela ?

— Oui, et la reine-mère se mordit les lèvres jusqu'au sang.

— Il y a de quoi. Mais pourquoi m'apportez-vous ce coffret.

— Tu ne comprends pas ?

— Non, messire.

René prit la boîte à gants et la plaça sur le comptoir, dans l'endroit le plus en évidence, de telle sorte qu'il était impossible de ne point la remarquer tout d'abord.

Et comme ce coffret était merveilleusement ouvragé, enrichi d'incrustations de nacre et d'ivoire, armé de fermoirs d'or ciselé, il devait éblouir les regards d'une femme.

— Ce coffret, dit René, est mon œuvre. La reine de Navarre ne manquera point de l'acheter.

— Quel en est le prix ?

— Quinze écus.

— Bon! j'en demanderai vingt.

— Comme tu voudras. Or, le coffret acheté, je m'en irai voir la reine de Navarre et je lui dirai : « Vous le voyez, madame, le roi a agi méchamment à mon égard en prétendant que les marchandises de son gantier Pietro Doveri valent mieux que les miennes, car ce coffret, que vous avez acquis de lui, sort de chez moi. »

— Mais, objecta Thibaud, si la reine ne l'achetait pas?

— Eh bien! tu me le rendras ce soir.

René mit une pièce d'or dans la main de Thibaud et s'en alla au Louvre.

Madame Catherine se faisait justement habiller; en ce moment, l'une de ses camérières roulait en torsades son abondante chevelure qui, en dépit du temps, était demeurée d'un noir d'ébène.

René entra et jeta un regard dans la petite glace de Venise que la reine tenait devant elle pour s'y mirer.

— Ah! te voilà? dit-elle.

— Oui, madame.

— Comme tu es pâle?...

— Je suis blessé, madame.

— Blessé! exclama la reine.

— Oui, cette nuit, comme je traversais le pont au

Change, une mendiante que je n'ai jamais vue, une folle sans doute, s'est jetée sur moi et m'a frappé d'un coup de poignard.

— C'est étrange !

— Heureusement, la blessure est légère, et, ajouta René d'un ton significatif, cela ne m'empêche point de songer au service de Votre Majesté.

— Ah ! fit la reine, qui parut comprendre.

Puis, après un silence, elle reprit :

— Et tu ne sais pas quelle est cette femme ?

— Je ne l'ai jamais vue.

— Est-elle jeune.

— C'est une mendiante aussi belle qu'une reine.

— Peste ! fit Catherine. Et tu ne soupçonnes point le motif qui l'a poussée.

— J'ai vu dans son regard, j'ai compris à l'accent de sa voix qu'elle me haïssait mortellement.

La camérière ayant fini de la coiffer, madame Catherine la regarda et demeura seule avec René.

— Ne soupçonnes-tu personne ? demanda-t-elle.

— Personne, répondit René.

— Et ne penses-tu pas que le prince de Navarre ?...

— Oh ! madame, dit le Florentin, vous savez si je le hais, mais je ne puis pas l'accuser, cette fois, car il est un fait bien certain pour moi.

— Lequel?

— C'est que la femme qui m'a frappé agissait pour son propre compte. J'ai fait tuer quelqu'un qu'elle aimait... c'est probable.

— Hé! mais, dit la reine qui eut une inspiration soudaine, c'est peut-être bien cette femme tant aimée du tire-laine Gascarille, qu'on a pendu en ton lieu et place, cette femme que le président Renaudin appelait Farinette.

— Parbleu! s'écria René, vous avez raison, madame. Ce doit être elle. Mais, ajouta le Florentin, ce n'est point pour me plaindre et vous demander justice que je viens ici.

— Parle, dit la reine.

— Il est un usage à la cour de France, madame.

— Voyons.

— C'est que, lorsque le roi reçoit la visite d'un personnage illustre, prince ou tête couronnée, il lui montre sa capitale en détail et conduit son hôte chez ses propres fournisseurs où il l'invite à accepter différents cadeaux.

— Je connais cet usage, dit la reine.

— Et Votre Majesté ferait bien de le rappeler au roi.

— Le roi n'a garde de l'oublier. Il vient même d'envoyer M. de Pibrac à l'hôtel Beauséjour pour demander à la reine de Navarre à quelle heure il lui plaira sortir en litière.

— C'est bien, dit René. Votre Majesté n'a plus à s'inquiéter de rien.

. . . .

En effet, comme l'avait dit madame Catherine, le sire de Pibrac venait de quitter le Louvre et de s'en aller, par ordre du roi, visiter madame Jeanne d'Albret, reine de Navarre.

Le capitaine gascon tomba, pour ainsi dire, au milieu d'une petite scène de famille.

Au moment où il pénétra chez la reine de Navarre, quatre personnes s'y trouvaient, et ces quatre personnes étaient le prince Henri, Malican le cabaretier, Noë et la jolie Myette, qui savait depuis une heure seulement qu'elle était noble et riche et pouvait aspirer au titre de comtesse de Noë.

— Ah! Pibrac, mon ami, dit la reine en le voyant entrer, vous venez à propos.

— En vérité! madame.

Et le capitaine aux gardes regarda tour à tour Malican, qui souriait en tortillant son bonnet de laine rouge, Noë et Myette qui se tenaient par la main.

— Vous venez pour assister à des fiançailles...

— Bah! fit Pibrac.

— M. de Noë se marie.

Malgré lui, M. de Pibrac, qui ne voyait toujours dans Myette que la nièce de Malican le cabaretier, allongea sa lèvre inférieure d'une façon quelque peu dédaigneuse et se tut.

Mais la reine de Navarre se hâta d'ajouter :

— M. de Noë épouse mademoiselle Myette de Lussan, fille du marquis de Lussan, lequel, vous le savez, fut tué aux côtés du feu roi Antoine de Bourbon, mon mari.

— Diantre! fit Pibrac étonné.

— Et, poursuivit Jeanne d'Albret, Henri et moi nous venons de décider que le mariage aurait lieu le jour où mon fils épousera la princesse Marguerite.

M. de Pibrac s'inclina.

— A présent, Pibrac mon ami, dites-moi quel bon vent vous amène ?

— C'est le roi de France qui m'envoie, madame.

— Et que nous veut notre cousin ?

— Le roi désire montrer Paris à Votre Majesté, et il viendra la quérir dans sa litière.

— Quand ?

— A l'heure que choisira Votre Majesté.

— Tout de suite, Pibrac, si le roi le veut, répliqua Jeanne d'Albret.

M. de Pibrac s'inclina et sortit.

— Je sais, dit alors la reine à son fils, je sais que

tel est l'usage, et que le lendemain de son arrivée le prince étranger appartient tout entier au roi de France.

— Vous accompagnerai-je ? demanda le prince.

— Si le roi le désire, oui, mon fils.

Et la reine, qui n'avait point encore de camérière, pria Myette de lui en servir et de l'ajuster, lui disant :

— Ma belle enfant, vous savez que je ferai la comtesse de Noë ma dame d'honneur.

Myette rougit et salua.

— Madame, dit à son tour Malican, si Votre Majesté n'a plus besoin de moi, je me retirerai… j'ai laissé ma maison déserte.

— Tu peux t'en aller, Malican, répondit la reine ; mais j'imagine que tu vendras bientôt ton cabaret ?

— Non, certes ! dit Malican.

— Et… pourquoi ?

— Mais parce qu'il faut que je travaille pour gagner ma vie.

— Bah ! fit la reine, ta nièce est assez riche pour avoir soin de toi.

— C'est possible, répliqua le Béarnais avec fierté, mais je suis encore assez jeune pour travailler.

— Eh bien, dit la reine, je te baillerai des lettres

de noblesse et tu occuperas une charge à la cour de Nérac.

— Non ! non ! dit Malican, je suis cabaretier et le veux demeurer. Je n'ai jamais eu d'ambition. Je suis votre très-humble sujet, madame.

Et Malican s'en alla, drapé dans sa fierté montagnarde.

Quelques minutes après, on entendit un grand tapage dans la cour de l'hôtel Beauséjour.

Henri se mit à la fenêtre.

— Voilà le roi, dit-il.

En effet, le roi Charles IX arrivait en litière, précédé et suivi par un piquet de ses gardes.

Une amazone maniait auprès de la litière un superbe genêt d'Espagne, tandis qu'à la portière opposée se tenait, droit et raide sur sa selle, un austère cavalier qui n'était autre que Crillon.

Le prince eut un battement de cœur à la vue de l'amazone : c'était madame Marguerite.

Marguerite était charmante en son justaucorps de velours vert, avec son chapeau à plume blanche légèrement incliné.

Jamais le prince ne l'avait trouvée plus belle.

La princesse mit pied à terre et monta dans l'appartement de la reine de Navarre, qui venait de terminer sa toilette.

Jeanne d'Albret embrassa Marguerite avec effusion ; puis elle descendit appuyée sur elle et alla saluer le roi qui était demeuré dans la litière.

— Madame et cousine, dit Charles IX, qui lui baisa galamment la main, montez là, près de moi ; nous allons vous faire les honneurs de notre capitale.

Le prince Henri était déjà à cheval auprès de Marguerite.

Sur un signe du roi, le cortége se mit en marche et Charles IX dit à la reine :

— Vous n'ignorez pas, madame, que la plus belle rue de Paris est la rue Saint-Denis ?

— Je l'ai ouï dire, Sire.

— C'est la plus longue et la plus riche en belles boutiques.

— Ah ! fit Jeanne d'Albret.

— C'est là que se trouve mon parfumeur dont je vous parlais hier.

— Pietro Doveri ? fit la reine qui avait de la mémoire.

— Précisément. Et si vous voulez, nous passerons chez lui et vous pourrez y faire un choix de parfums, de gants et d'objets de toilette de toute sorte.

— Je suis à vos ordres, Sire.

— Allons ! ajouta le roi qui se pencha à la portière auprès de laquelle Marguerite chevauchait.

— Margot, dit-il à la princesse, dis à nos porteurs que nous allons chez Pietro Doveri ; je ne suis pas fâché d'humilier René le Florentin.

Marguerite transmit l'ordre du roi à M. de Crillon qui avait pris la tête du cortége, et quelques minutes après la litière royale s'arrêtait à la porte du Vénitien Pietro Doveri.

Pietro, on le sait, était absent, mais le Flamand Thibaud, son commis, accourut avec empressement et s'inclina humblement devant ses royales pratiques.

— Maître, dit Charles IX qui entra le premier, donnant la main à la reine de Navarre, il faut nous montrer tes plus belles marchandises aujourd'hui.

— Oh ! le joli coffret ! murmura la reine de Navarre, qui venait d'apercevoir la boîte à gants.

—Il est en effet d'un merveilleux travail, dit le roi.

Et, le prenant, il le tendit à Jeanne d'Albret.

— Veuiller l'accepter en souvenir de moi, madame, dit-il.

La reine s'inclina.

— Je le garderai précieusement, Sire, dit-elle.

Henri et Marguerite causaient comme de vrais amoureux qu'ils étaient, et ni l'un ni l'autre ne prit garde au coffret qui renfermait les gants empoisonnés.

XIX

Une heure avant le départ du roi Charles IX, qui 'en allait faire à la reine de Navarre les honneurs e sa capitale, Nancy ajustait madame Marguerite t babillait avec elle.

— Mignonne, disait la princesse, comment trouves-tu la reine de Navarre?

— Fort belle encore, hélas!

— Pourquoi cet hélas?

— A cause de madame Catherine.

— Peuh! fit la princesse, que veux-tu que cela asse à madame Catherine?

— Madame Catherine est jalouse.

— Après?

— Madame, dit gravement Nancy, depuis deux

jours je remplis le rôle de la princesse Cassandre je prédis... et...

— Et on ne croit pas à tes prédictions, n'est-ce pas ?

Nancy soupira.

— Comment donc aussi veux-tu qu'on puisse supposer que la reine-mère, qui est tout occupée de la politique, ait le temps de jalouser la beauté de la reine de Navarre ?

— Ce n'est pas moi qui le veux.

— Eh bien ! alors ?

— Mais je le constate, acheva Nancy.

— Tu es folle !

— Madame, dit Nancy après un moment de silence, j'ai surpris un regard de haine, à l'adresse de la reine de Navarre, dans l'œil de madame Catherine.

— C'est de la haine politique.

— Soit !

— Et puis, d'ailleurs, si ma mère doit en vouloir à quelqu'un, c'est moins à la reine qu'à son fils.

— Mais comme elle a juré de ne point toucher au fils... et que madame Catherine, qui est Italienne, est trop superstitieuse pour manquer à son serment, si le prince peut dormir tranquille...

— Il n'en est pas de même de sa mère ?

— Justement.

— Mais que veux-tu donc que fasse madame Caherine?

— Rien; elle laissera faire.

— Je ne comprends pas très-bien, dit la princesse.

— René veut se venger de Henri, c'est clair, reprit Nancy; mais comme il ne peut plus s'en prendre à lui, eh bien! il s'en prendra à la reine de Navarre.

— Tu oublies que la reine de Navarre a autour d'elle trente Gascons d'une fidélité absolue?

— Le poison passe partout, dit lentement la camérière.

La princesse tressaillit et se leva du siége où elle était assise.

— Tais-toi! dit-elle. C'est impossible...

— René le tentera, du moins.

— Non, dit Marguerite, car madame Catherine ne le permettrait pas.

Nancy eut un sourire de doute sur les lèvres.

— Elle s'y opposerait, reprit Marguerite, et cela par une raison bien simple.

Nancy regarda la princesse et parut attendre qu'elle fît valoir cette raison dont elle lui parlait.

— Madame Catherine, continua Marguerite, veut que j'épouse le prince de Navarre au plus vite. Et tu comprends...

— Elle le voulait, du moins.

Marguerite étouffa une exclamation d'étonnement.

— Comment! dit-elle, tu crois qu'elle ne le veut plus?

— Dame! répliqua Nancy, je gagerais volontiers une couronne contre une épingle qu'à cette heure madame Catherine est désolée d'avoir songé à ce mariage.

Et Nancy développa à madame Marguerite cette théorie dont le page Raoul avait eu la primeur la veille au soir.

Marguerite l'écouta attentivement; puis elle demeura longtemps soucieuse; enfin elle murmura à mi-voix :

— Tu as peut-être raison... mais alors...

— Le mariage de Votre Altesse est trop avancé pour que la reine songe à le rompre autrement que par une catastrophe.

— Eh bien! dit Marguerite avec résolution, si cette catastrophe advenait, elle ne le romprait pas davantage. Je veux être reine de Navarre.

Nancy était parvenue à faire pénétrer le soupçon dans l'âme de la princesse.

— J'irai voir le roi, dit la princesse, je lui parlerai.

— Il y aurait mieux à faire encore, madame.

— Quoi donc ?

— Il faudrait faire disparaître le maudit Florentin.

— C'est grave ce que tu me demandes là.

— Bon ! est-ce que Votre Altesse le craint aussi ?

— Non, mais je crains ma mère.

Comme la princesse achevait, on gratta discrètement à la porte.

— Entrez ! dit Marguerite.

Ce fut M. le duc de Crillon qui entra.

— Votre Altesse me pardonnera, dit-il, quand elle saura que c'est le roi qui me dépêche auprès d'elle.

— Bonjour, monsieur de Crillon, dit Marguerite d'un air affable, asseyez-vous et m'apprenez ce que le roi veut de moi.

— Sa Majesté, répondit Crillon, m'envoie demander à Votre Altesse si elle veut accompagner la reine de Navarre dans sa promenade à travers Paris.

— Certainement.

— En litière, ou à cheval ?

— Cela dépend, monsieur de Crillon, de la reine de Navarre.

— Pardon ! madame, le roi compte offrir une place dans sa litière à la reine.

— Alors, c'est tout décidé, j'accompagnerai la reine à cheval, surtout, ajouta Marguerite en rougissant un peu, si le prince mon futur époux est de la partie.

— C'est probable.

— Quand le roi part-il ?

— Dans une heure, madame.

— C'est bien ; je vais faire ma toilette d'amazone.

Crillon se leva, s'inclina et fit un pas vers la porte.

Mais Marguerite le retint.

— Attendez, duc, dit-elle.

— Votre Altesse a besoin de moi ?

— Oui.

— Je suis à vos ordres.

Et Crillon se planta devant la princesse comme un soldat qui reçoit les instructions de son chef.

— Dites, monsieur de Crillon, reprit Marguerite, on prétend que vous êtes le seul homme véritablement sans peur de la cour de France.

— C'est possible, répondit Crillon avec sa naïveté méridionale.

— Et si je vous confiais une mission dont personne ne voudrait se charger ?

— Oh ! moi, dit Crillon, je m'en charge d'avance, madame.

— Il est question de René...

— De ce mauvais Florentin qui a fait quelque pacte avec le diable ?

— Précisément.

— Faut-il que je le tue ? c'est une vilaine et répugnante besogne, madame, mais il n'est rien que je ne fasse pour vous plaire.

— Attendez, duc.

— J'écoute, madame.

— Le prince de Navarre, mon futur époux, a pardonné au Florentin en votre présence, il y a huit jours, et la reine-mère a fait un serment.

— Hum! fit le duc d'un air sceptique.

— Mais ce serment ne me rassure guère, reprit Marguerite.

— Ni moi non plus, dit hardiment M. de Crillon.

— Et je crains tout pour mon cher Henri. Je crains René... je crains madame Catherine.

— Ah! madame, dit le duc, j'avoue qu'à moins que le roi ne me le commandât, je n'oserais toucher à madame Catherine. Mais quant à René...

— Eh bien ?

— Je ferai de lui ce que vous voudrez.

— Je voudrais que vous puissiez le confisquer pour quelque temps.

— Pourquoi pas pour toujours ? Je l'enverrais à Avignon, où j'ai un château solidement bâti et dont les tours sont garnies d'excellentes barres de fer.

— Non, dit Marguerite. Mais si vous pouvez seulement me l'enfermer jusqu'au lendemain du jour où j'aurai épousé le prince de Navarre, je vous en serais bien reconnaisante.

— A merveille, dit Crillon, la chose sera faite comme vous le désirez, madame.

— Quand ?

— Ce soir même.

— La reine n'en saura rien ?

— Je vous le jure.

— Et le roi ?

— Pas davantage.

— Ah ! dit encore Marguerite, je désirerais fort que le prince Henri n'en fût point instruit.

— Il suffit. Adieu, madame.

Et Crillon prit congé de la princesse.

Alors Marguerite regarda Nancy.

— Eh bien ! dit-elle, que penses-tu de cela ?

— Je pense que le moyen est bon. Seulement que dira la reine-mère ?

— Puisqu'elle ne le saura pas.

— Bah ! fit Nancy, elle s'apercevra toujours bien que René a disparu.

— Qu'importe ! pourvu qu'elle ne le retrouve point.

— Hum ! hum ! murmura Nancy, je ne suis pas de cet avis... et je crois que mieux vaudrait laisser René en liberté.

— Mais que faire, alors.

— Je ne sais, dit Nancy, et j'obéis à un pressentiment. Il est logique, dans la situation où nous sommes, de se débarrasser de René. Mais je ne sais quelle voix intérieure me dit que cela nous portera malheur.

Marguerite haussa les épaules.

— Cassandre voulut trop prédire, dit-elle, et c'est pour cela que personne, à Troie, ne la crut.

Nancy se mordit les lèvres et ne répondit pas.

Madame Marguerite revêtit une amazone en drap vert, se ganta, prit une cravache à poignée d'ivoire ciselée et sonna un page auquel elle dit :

— Fais seller Roland, mon cheval blanc.

. . . .

Madame Catherine avait laissé partir René sans lui demander aucune explication. Accoudée à la fenêtre de son oratoire, elle vit le roi sortir du Louvre dans sa litière que madame Marguerite escortait à cheval.

Puis, rêveuse, elle se replaça devant sa table de travail et s'occupa des affaires du royaume.

Elle avait plusieurs lettres à écrire : l'une à M. le gouverneur de Normandie, l'autre à M. de Pardaillant, qui commandait à Orléans; une troisième à

22.

Mgr le duc d'Alençon qui tenait, on s'en souvient, la province d'Anjou.

Mais la reine-mère ne se livra à cette besogne que pour tromper son impatience, et plus d'une fois elle leva les yeux vers le sablier pour juger du temps écoulé depuis le départ du roi.

Quatre heures se passèrent ainsi, puis le piétinement de plusieurs chevaux se fit entendre dans la cour du Louvre, et madame Catherine, se remettant à la fenêtre, vit entrer la litière royale.

On avait laissé madame Jeanne de Navarre à l'hôtel Beauséjour, cette princesse ayant désiré se reposer un moment avant qu'elle vînt au Louvre pour le souper, car le roi l'avait conviée.

Madame Marguerite était demeurée auprès d'elle.

La reine-mère, voyant Charles IX descendre seul de sa litière, s'en alla au-devant de lui.

— Eh bien! Sire, lui dit-elle, comment la reine de Navarre trouve-t-elle votre bonne ville de Paris?

— Elle est ravie, dit le roi.

— Lui avez-vous montré les églises?

— Toutes.

— Et le palais des Tournelles?

— Pareillement.

— L'avez-vous conduite dans les boutiques du *bel air?*

Cette expression du *bel air* dont se servait madame Catherine, était à cette époque celle qu'on employait pour parler de gens et de choses à la mode.

— Mais, répondit le roi, je me suis ruiné pour elle.

— Vraiment! fit la reine avec un sourire.

— Cette promenade à travers Paris me coûte trois cents pistoles.

— Bah! fit la reine étonnée.

— Parole de roi, madame.

— Qu'avez-vous donc acheté?

— Nous sommes entrés chez maître Roussel, qui est mon drapier, et nous y avons acquis des étoffes.

— Et puis?

— Après cela, maître Danican, l'orfèvre, nous a vendu des pierreries.

— Oh! oh! fit la reine.

— Il faut vous dire, observa Charles IX, que chaque fois la reine de Navarre tirait son escarcelle pour payer, mais je l'en empêchais.

— C'est fort galant.

— Et, acheva le roi avec un malin sourire, elle est rusée comme une vraie montagnarde; et je crois bien qu'elle ne pensait pas du tout à vider sa bourse, et qu'au fond elle était ravie de nos libéralités.

— Je gage, fit la reine, que vous n'avez rien acheté chez ce pauvre René...

— Oh ! certes ! non, dit le roi, nous ne sommes pas même entrés dans sa boutique ; et cela est tout simple, madame : à part mon antipathie pour cet homme que vous aimez tant, n'ai-je pas mon gantier, moi ?

— C'est juste, Sire, je l'avais oublié.

— Et certes, reprit le roi, ce n'est pas chez René que nous aurions trouvé le délicieux coffret que nous avons acheté chez Pietro Doveri.

La reine tressaillit, mais le roi n'y prit pas garde.

— Que contient ce coffret ? demanda-t-elle.

— Des gants parfumés.

— Ah !

— Et je vous jure, madame, qu'il est d'un merveilleux travail.

— Et moi, dit la reine, je crois qu'on en trouverait, sinon un pareil, du moins un tout aussi joli chez René.

— J'en doute, fit le roi d'un ton sceptique.

Puis il baisa la main de la reine et la quitta.

Comme elle rentrait chez elle, madame Catherine rencontra René.

— Ah ! mon pauvre ami, lui dit-elle, échangean avec lui un regard significatif, il paraît que tu n'as jamais eu dans ta boutique une merveille semblable à celle que le roi a trouvée chez ton rival Pietro Doveri.

— Hé ! dit René, qui sait ?

— Un coffret merveilleux... rempli de gants...

— Je le connais.

— Ah !

Le Florentin se pencha à l'oreille de la reine et murmura :

— Et Votre Majesté aussi.

— Silence ! dit-elle tout bas.

Mais René lui dit encore :

— Votre Majesté fera bien de remarquer la couleur des gants que la reine de Navarre portera ce soir au Louvre.

— Sois tranquille, dit Catherine redevenue sombre et pensive. Reviens à dix heures, ce soir, tu le sauras.

. . . .

Le soir, en effet, la reine trouva René dans son oratoire.

Le parfumeur la regarda avec anxiété.

— Les gants étaient bruns, dit la reine.

— Alors ce ne sont point ceux-là. Elle n'aura point ouvert le coffret.

— Tu crois ?

— Oh! mon Dieu! non, dit René, la première du coffret est d'un jaune clair.

— Attendons! murmura la reine.

René s'en alla, sortit du Louvre par la grande porte et prit le chemin du pont Saint-Michel, sans remarquer un gentilhomme bien enveloppé dans son manteau qui, sorti comme lui du Louvre, se mit à le suivre en grommelant :

— Je n'ai besoin de personne que de mon vieil écuyer Fangas pour accomplir la besogne que m'a commandée madame Marguerite.

Ce gentilhomme, on le devine, était le duc de Crillon, le seul qui, à la cour de France, ne tremblât point devant René le Florentin.

XX

René s'en allait, monologuant ainsi :

— Je suis tout aussi pressé que madame Catherine de voir la reine de Navarre faire usage des gants que je lui ai préparés.

Elle ne les a point mis ce soir, mais il est probable que demain, pour le bal de la cour, elle voudra faire au roi, en dansant avec lui, les honneurs de son royal cadeau.

Par conséquent, je crois que je puis m'en aller et tranquillement me coucher et me faire panser de mon coup de poignard... que je commençais à oublier.

René disait vrai; il avait été si occupé durant tout le jour de faire aboutir le plan ténébreux qu'il avait ourdi contre la reine de Navarre, qu'il s'était à peine souvenu de loin en loin qu'il était blessé.

Sa blessure, du reste, était si légère, qu'elle ne lui occasionnait presque aucune douleur.

Mais René, en se souvenant de son coup de poignard, se souvint aussi de la personne qui le lui avait donné, et par précaution, lorsqu'il fut sur le point d'atteindre le Pont-au-Change, il tira sa dague.

— Si la veuve de Gascarille s'approche, murmura-t-il, elle aura moins bon marché de moi ce soir que la nuit dernière.

René avait eu peur à tort. Farinette ne l'attendait point comme la veille, à l'entrée du Pont-au-Change, qui était d'ailleurs complétement désert.

Il traversa la Cité sans faire de mauvaise rencontre et parvint au pont Saint-Michel, qui était tout aussi désert, tout aussi silencieux que le Pont-au-Change.

Une chose, cependant, étonna le Florentin lorsqu'il fut à dix pas de sa boutique : — c'est qu'aucune lumière ne brillait à l'intérieur et ne filtrait au travers des volets.

— J'ai pourtant dit à Paola que je rentrerais, dit-il, et elle me sait malade. Il est impossible que Godolphin et elle soient couchés.

Il s'approcha et frappa à la porte. Nul ne lui répondit.

Alors René sentit quelques gouttes de sueur perler à ses tempes.

— Paola, se dit-il, est peut-être partie avec Godolphin... pour rejoindre Noë... Noë, qu'elle croit haïr, dont elle demande la mort, et que, cependant, elle aime encore.

Il frappa de nouveau, et d'une main vigoureuse.

Tout à coup il s'aperçut que la porte s'ouvrait toute seule sous sa main et comme si elle eût été entre-baillée auparavant.

— Paola! Godolphin! appela René, qui entra dans la boutique où régnait une obscurité profonde.

Paola ne répondit point, mais il sembla au Florentin qu'un soupir étouffé partait du fond de la pièce voisine, celle où la jeune fille avait plus d'une fois reçu en cachette son cher Noë.

L'émotion de René augmenta.

— Paola! reprit-il.

Le même gémissement lui répondit.

Alors le Florentin, dont les cheveux se hérissaient, s'avança résolûment dans la direction où se faisait entendre cette voix; mais, en marchant, il se heurta à un corps dur et métallique qui rendit un son sous ses pieds.

René se baissa et releva un objet qu'il reconnut au toucher pour un flambeau, la mèche de la bougie était chaude encore.

René comprit qu'un malheur quelconque était arrivé chez lui, et que ce flambeau avait été jeté à terre et s'était éteint en tombant.

Le Florentin avait sur lui un briquet, il le tira de sa poche et s'en servit pour rallumer la bougie.

Alors seulement il put se rendra imparfaitement compte de ce qui s'était passé chez lui.

Les chaises, les tables étaient renversées et témoignaient d'une lutte récente. Sur le seuil de la chambre de Paola il y avait un homme solidement garrotté et bâillonné. René courut à lui.

— Godolphin! exclama-t-il.

Le somnambule, encore ivre de terreur, roulait autour de lui des yeux hagards et mordait son bâillon, qui ne laissait échapper de sa gorge que des sons inarticulés.

Mais René tout d'abord ne songea point à le débarrasser de ces liens ni à lui arracher son bâillon.

Le Florentin s'élança par-dessus Godolphin dans la chambre de sa fille, répétant avec engoisse :

— Paola, où es-tu ?

Le chambre était vide.

Alors René revint à Godolphin, coupa ses liens, lui ôta son bâillon et lui dit vivement :

— Où est Paola ?

— Enlevée, répondit Godolphin.

— Enlevée !

Et René recula consterné, demeura un moment muet et chancelant, puis prononça un seul nom :

— Noë !

Mais Godolphin secoua la tête :

— Non, dit-il.

— Comment !... Que dis-tu ? murmura le Florentin.

— Ce n'est pas Noë.

Alors c'est le prince Henri ?

— Non, répéta Godolphin.

Mais qui donc alors ? qui donc ? s'écria René hors de lui.

— Une femme et trois hommes en haillons.

— Une femme !

— Oui, une femme qui, tandis qu'un des hommes me terrassait, que l'autre, qui est un géant, chargeait Paola sur son épaule, — une femme qui a dit : « Mon bras a tremblé en frappant le père la nuit dernière, mais la fille ne m'échappera pas ! »

René jeta un cri terrible et se laissa tomber anéanti sur un siége.

— Ma fille ! ô ma fille ! murmura-t-il d'une voix où couvaient des sanglots.

C'est que, pour René, l'enlèvement de Paola, accompli par la haineuse amie de Gascarille et les truands ses complices, était épouvantable en ses conséquences.

Sa fille était belle, elle deviendrait la proie d'une multitude avinée, et peut-être même la tuerait-on.

Un moment accablé, anéanti, le Florentin se redressa tout-à-coup.

— Oh ! dit-il, je vais courir au Louvre, je verrai la reine... Elle me donnera des lansquenets, des Suisses, et je mettrai, s'il le faut, le feu à la cour des Miracles !... Mais je veux retrouver ma fille.

— La reine est couchée ! dit une voix derrière René.

Le Florentin, pâle et frémissant, se retourna.

Un personnage, à la présence duquel le Florentin était loin de s'attendre, venait de se montrer sur le seuil de la boutique.

René n'avait eu ni le temps ni même l'intention de refermer la porte sur lui.

— Oui, mon cher monsieur René, répéta le gentilhomme — car c'en était un, — qui apparaissait en ce moment aux yeux de parfumeur comme la tête de Méduse, — madame Catherine est couchée à cette heure et je doute fort qu'elle se lève tout exprès pour mettre à votre disposition les Suisses et les lansquenets que je commande.

— Monsieur de Crillon ? murmurait René pétrifié.

En ce moment le Florentin éprouva une si violente terreur de se trouver ainsi face à face avec le redoutable duc, qu'il oublia sa fille pour ne plus songer qu'à lui-même.

Crillon avait cette attitude calme du tigre qui mesure sa proie du regard avant de la frapper mortellement d'un seul coup de sa puissante griffe.

Le duc fit un pas en avant, René fit trois pas en arrière.

— Hé ! diable ! exclama le duc, qu'avez-vous donc, monsieur René ?

Comme il fit, en parlant ainsi, un pas de plus, le duc vit René qui reculait au mur.

— Vous fais-je peur ? dit Crillon.

— Monsieur le duc !...

— Rassurez-vous, monsieur René, je n'ai pas l'ordre du roi, ce soir, de vous conduire au Châtelet.

Crillon parlait d'un ton si bonhomme, si franchement naïf, que l'effroi de René se calma.

— Qu'est-il donc arrivé chez vous ? demanda Crillon.

Et montrant le désordre qui régnait dans la boutique :

— Pourquoi ces tables renversées ? pourquoi ces chaises brisées, ces cordes et ce bâillon ?

René songea derechef à sa fille.

— On a enlevé Paola ! murmura-t-il.

— Bah ! fit Crillon étonné, car le duc ne savait absolument rien des projets de Henri de Navarre. Et qui donc a enlevé votre fille, monsieur René ?

— Les truands.

— Vrai ? fit le duc d'un air incrédule.

— Parmi eux, ajouta le Florentin, il y avait une fille qui m'a frappé hier d'un coup de poignard... c'est la veuve du voleur Gascarille !

— Ah ! oui, dit Crillon, ce pauvre diable qu'on a pendu.

— Justement.

— Pour que vous ne soyez point roué, monsieur René, n'est-ce pas ?

— Peut-être, monseigneur.

— Eh bien ! mais, dit le duc, qu'est-ce que vous voulez que la reine fasse à cela, monsieur René ?...

— Je veux retrouver ma fille... La reine me donnera des soldats... je fouillerai la cour des Miracles et tout le quartier habité par les truands.

Crillon haussa les épaules.

— Vous n'avez pas besoin de la reine pour cela, dit-il.

René stupéfait regarda le duc.

— Suis-je pas colonel-général des Suisses et des lansquenets ?

— C'est vrai, monseigneur.

— Et si je veux me donner la peine de retrouver votre fille...

— Vous ! monseigneur...

— Pourquoi pas ? dit Crillon

— Ah ! dit le Florentin tombant à genoux, si vous faites cela... ma vie est à vous, monseigneur !

— Peuh ! murmura Crillon, je n'en ai que faire, mon cher monsieur René. Je vous dirai même...

Le duc s'interrompit et toisa dédaigneusement le Florentin.

— Je vous dirai même, reprit-il, que s'il était question de vous et non de votre fille, s'il s'agissait de vous arracher aux mains des truands, je ne me dérangerais ni de mon somme, — ni de mon temps, car vous êtes une fort vilaine espèce, cher monsieur René, et le jour où la cour des Miracles vous jouera un mauvais tour sera un jour d'expiation et de repentir pour elle qui touchera Dieu, bien certainement.

— Oh ! monseigneur, murmura René, accablez-moi

de votre mépris et de vos sarcasmes, mais rendez-moi ma fille !

— Votre fille est jolie, dit Crillon. Un jour, il y a bien deux ou trois ans de cela, je lui ai acheté de la pommade et de l'huile parfumée. Elle m'a fait une fort belle révérence et son sourire m'a semblé si charmant, qu'il m'a paru impossible qu'un drôle comme vous ait pu donner le jour à une ravissante créature comme elle.

René se mit à genoux devant Crillon.

— Grâce ! monseigneur, dit-il, grâce ! ne raillez pas...

— Je ferai tout ce qui dépendra de moi pour retrouver votre fille, cher monsieur René. Crillon n'a qu'une parole.

— Oh ! je le sais...

— Et cette parole, je vous l'engage !

— Mais, s'écria René, il faut vous hâter, monseigneur... Qui sait si... à cette heure... les misérables ?...

Et René, le fourbe et le cruel, sentait l'épouvante et l'angoisse hérisser ses cheveux...

— Eh bien ! dit Crillon, prenez votre manteau et venez avec moi.

René jeta un cri de joie et voulut baiser la main de Crillon.

Mais Crillon retira sa main.

— Ne me touchez pas! dit-il. Cela me porterait malheur.

Le duc avait suivi le Florentin à la sortie du Louvre dans l'intention de le prendre au collet et de le faire prisonnier.

Les événements, on le voit, venaient modifier cette première résolution.

René, sans défiance aucune, recommanda à Godolphin de s'enfermer, de n'ouvrir à qui que ce fût en son absence, puis il dit au duc :

— Je suis à vos ordres, monseigneur.

— Venez, dit Crillon.

Le Florentin avait cru que le duc le conduisait au Louvre.

Il n'en fut rien ; au lieu de prendre le chemin de a Cité d'abord et du Pont-au-Change ensuite, Crillon gagna la rive gauche de la Seine.

— Où donc allons-nous ? demanda René toujours sans défiance.

— Venez toujours.

Le duc prononça ces deux mots d'un ton sec qui n'admettait point de réplique.

René courba la tête et le suivit.

Crillon s'en alla tout droit au carrefour de la rue Saint-André-des-Arcs, tournant de temps en temps la tête pour s'assurer que René le suivait.

Puis, arrivé en ce carrefour, il s'arrêta devant la porte d'une vieille maison dont toutes les croisées étaient garnies de solides barreaux de fer.

Après quoi il frappa trois coups vigoureux avec le pommeau de sa dague.

A ce bruit, une des fenêtres s'ouvrit.

— Qui est là ? demanda une voix fortement empreinte de l'accent méridional.

— Moi ! dit Crillon.

La fenêtre se referma.

Crillon et René attendirent à peu près trois minutes, puis la porte de la maison s'ouvrit.

Alors le Florentin et le duc se trouvèrent en présence d'un petit homme trapu, aux larges épaules, à la physionomie accentuée et pleine d'intelligence ; au regard noir, ardent, profond comme celui d'un jeune homme, bien que les cheveux grisonnants qui garnissaient ses tempes attestassent qu'il avait déjà dépassé la cinquantaine.

Ce personnage, qui avait une lampe à la main, portait un justaucorps de soldat et n'était autre que maître Honoré-Timoléon-Onésime Fangas, écuyer de messire le duc de Crillon. Fangas, en s'effaçant, laissa voir à René un vaste et sombre vestibule.

— Entrez, monsieur René, dit le duc.

Et il poussa le parfumeur par les épaules.

Puis il regarda Fangas et lui dit :

— Je t'amène un prisonnier dont tu vas me répondre sur ta tête.

A ce mot de prisonnier, René jeta un cri d'effroi, fit un pas en arrière et voulut battre en retraite.

Mais déjà le duc avait refermé la lourde porte en chêne ferré, et il disait au Florentin :

— Je retrouverai votre fille tout seul, soyez tranquille. Quant à vous, il faut renoncer à voir de sitôt le Louvre et madame Catherine...

Le regard de Crillon et son accent calme et ferme prouvaient surabondamment à René qu'il ne plaisantait pas.

René comprit qu'il était à la merci de Crillon, et la terreur le reprit !..

XXI

— Éclaire-nous, dit Crillon à maître Henri-Timoléon Fangas, son écuyer.

René demeurait immobile et promenait autour de lui un regard effaré.

— Mon cher monsieur René, dit le duc, vous savez que, lorsque je me fais geôlier, on ne m'échappe pas. Ainsi donc suivez-moi de bonne grâce...

— Mais, monsieur le duc, balbutia le Florentin, c'est une... trahison...

— Hein? fit le duc avec hauteur.

Fangas se retourna et darda sur René son œil ardent.

— Tu es fou, dit-il, archi-fou, maître parfumeur. Apprends que, si M. de Crillon trahissait jamais quelqu'un, il se passerait son épée au travers du corps.

— Cependant... hasarda René.

— Cependant, maître drôle, dit le duc, je veux bien m'expliquer avec toi.

— Ah ! soupira René.

— Quand je suis entré dans ta boutique, poursuivit Crillon, j'avais l'intention de te prendre au collet et de t'arrêter violemment.

— M'arrêter !... fit René.

— Afin de te conduire ici.

— Mais, dit le Florentin plus pâle que la mort, de quoi m'accuse-t-on encore ?

— De rien.

— Alors... pourquoi... me retenir prisonnier ?

— Je te le dirai tout à l'heure.

René essayait de croire encore que le duc cherchait simplement à le mystifier.

Celui-ci continua :

— Je t'ai vu désolé de l'enlèvement de ta fille, et alors, comme au fond je suis un bon homme, je t'ai promis de faire mes efforts pour la retrouver. Ma parole est plus sérieuse que les gribouillages d'un tabellion, crois-le bien ! je ferai ce qui sera en mon pouvoir. Mais, acheva le duc, comme je n'ai nul besoin de toi en cette besogne, tu vas rester ici.

Tout en parlant, le duc avait fait un signe à Fangas.

L'écuyer provençal s'était emparé du bras de René et lui faisait gravir les degrés de pierre de l'escalier.

Arrivé au premier étage, il ouvrit une porte et poussa René dans une vaste pièce froide et nue, dont les fenêtres étaient garnies, en outre des barres de fer extérieures, de volets intérieurs en chêne, massifs et solidement cadenassés.

Un lit de sangle et deux chaises composaient l'unique ameublement de cette pièce, qui ressemblait fort à une prison.

C'était la chambre de Fangas.

— Voici votre demeure provisoire, maître René, dit le duc.

— Mais, monseigneur, balbutia le Florentin, suis-je donc condamné à demeurer longtemps ici?

— Peut-être...

— Mais enfin, pourquoi me retenez-vous prisonnier?

— J'ai mes raisons...

— Si je vous ai offensé, pardonnez-moi...

Et René, qui était aussi lâche, aussi rampant que cruel, René se mit à genoux de nouveau.

— Drôle! répondit le duc avec dédain, je ne me

donne pas la peine de venger mes propres offenses. Rassure-toi, je ne t'ai jamais fait l'honneur de te considérer comme mon ennemi.

— Alors... monseigneur... supplia encore René, quelle est donc votre intention?

— Je n'ai pas de comptes à te rendre.

Puis Crillon regarda Fangas et lui dit :

— Tu me réponds de cet homme sur ta tête.

— Monsieur le duc peut dormir tranquille, répondit Fangas.

— Non, dit Crillon, pas cette nuit du moins ; j'ai affaire à la cour des Miracles.

René, qui était toujours immobile au milieu de sa nouvelle prison, les yeux baissés et dans une attitude consternée, René tressaillit et leva vivement la tête.

— Tu le vois, fit le duc, je suis homme de parole. Je vais m'occuper de retrouver ta fille. Bonsoir !

Et le duc s'en alla, laissant René le Florentin aux mains de Fangas, l'écuyer.

— Allons, monsieur René, dit celui-ci, je vous engage à vous coucher. Ceci est votre chambre...

René, l'homme des trahisons, espérait toujours rencontrer des âmes aussi corrompues que la sienne.

En se trouvant seul face à face avec l'écuyer, il eut la pensée de le séduire.

— Mon cher monsieur Fangas, dit-il, je suis trop inquiet sur le sort de ma fille pour qu'il me soit possible de fermer l'œil...

— Voulez-vous un livre? demanda l'écuyer, qui était un homme courtois.

— Je préférerais causer...

— Soit, dit Fangas, causons...

— Est-ce que M. le duc vous a défendu de me donner à boire et à manger.

— Non certes. Avez-vous faim ?

— J'ai soif.

— Eh bien ! dit l'écuyer, je vais vous quérir une bouteille de vieux vin, du muscat de Villeneuve-lès-Avignon, où M. de Crillon a ses vignes.

— Apportez deux verres, dit René.

— Parbleu ! cela va sans dire...

Fangas était un bonhomme d'écuyer fort accommodant, et il refusait peu les occasions de trinquer et de vider une bouteille, mais il n'en était pas moins un geôlier fort sérieux, car il eut bien soin de fermer la porte à double tour.

La porte était solide, épaisse et ferrée. René n'eût pas même la pensée de chercher à l'ébranler.

D'ailleurs Fangas revint dix minutes après.

Au lieu d'une simple bouteille, il portait une

large cruche en terre dont le bouchon était soigneusement enduit de goudron.

— M. de Crillon, dit-il, a de meilleur vin que le roi, monsieur René.

C'est bien possible, dit le Florentin, qui voulait être agréable à Fangas.

Fangas posa sa cruche et les deux gobelets sur la table et dit à René :

— Vous n'avez pas sommeil, moi non plus. Je dormais quand M. de Crillon est venu. A présent que me voilà réveillé, je suis homme à voir lever l'étoile du matin.

L'écuyer déboucha la cruche et versa à boire à René.

— Peste! exclama celui-ci en portant son verre à ses lèvres, voilà, en effet, d'excellent vin.

— N'est-ce pas?

— Et je doute que le roi en ait d'aussi bon.

— C'est que le roi de France a de mauvaises vignes, répondit Fangas avec son orgueil provençal.

— Le duc est donc bien riche? demanda René qui prit un air naïf.

— Peuh! comme ci comme çà...

— Pourtant, quand on a de tel vin...

— C'est du vin de Villeneuve, monsieur René.

Fangas crut que cette réponse devait suffire au

Florentin. Fangas se trompait, et René avait ses raisons pour revenir sur la fortune du duc.

— Mais enfin, dit-il, M. de Crillon a de quoi vivre ?

— Oh ! certes !

— Et je gage que vous êtes fort bien payé à son service.

— Oh! dit Fangas, oui et non.

— Plaît-il ?

— J'ai tout ce qu'il me faut, mais mon escarcelle ne regorge jamais d'écus.

— Ah ! ah ! dit René.

— On ne s'enrichit pas au métier des armes, poursuivit l'écuyer. J'ai tout à l'heure soixante ans, et...

— Et vous voudriez bien avoir une petite maison à vous, n'est-ce pas, dans un coin de votre Provence, au bord du Rhône, par exemple ?

— Hé ! hé ! dit Fangas, ce ne serait pas à dédaigner.

— Avec deux bons journaux de vigne et un arpent de pré... poursuivit le Florentin.

— Et même, ajouta l'écuyer, j'aimerais assez avec cela un verger et un jardin potager.

— Cela va sans dire, monsieur Fangas.

— Mais savez-vous bien, observa l'écuyer, que cela vaut au moins mille pistoles ?

— Va pour mille pistoles.

— Et que jamais je ne les aurai à ma disposition?

— Qui sait?

— Ah dame! qui donc me les prêtera?

— Moi, dit le Florentin.

— Vous, monsieur René?...

— Pourquoi pas?

— Après tout, dit Fangas, vous êtes si riche! dit-on.

— Et... reprit René, pour peu que vous eussiez de complaisance pour moi...

— Tout à votre service, monsieur René.

— Vrai?

— Que puis-je faire pour vous?

L'écuyer, en faisant cette question, versa au Florentin un deuxième verre de vin muscat.

— Mais, dit René d'un air fort naïf, vous conviendrez que ce lit est un peu dur...

René montrait le grabat.

— Qu'à cela ne tienne! répondit l'écuyer, je vous irai chercher un matelas. M. de Crillon est bon homme... il ne trouvera pas cela mauvais.

— Mais, dit René, j'aimerais bien mieux coucher chez moi.

Fangas regarda René d'un air ébahi, puis il éclata de rire :

— Allons donc! dit-il, est-ce que vous avez cru que j'allais vous lâcher?

— Mais, répliqua René un peu déconcerté, une petite maison au bord du Rhône, avec deux journaux de vigne et un arpent de pré, vaut bien cette complaisance...

— Malheureusement, répliqua Fangas, la chose est impossible. M. de Crillon m'a habitué à exécuter ponctuellement ses ordres.

— Cependant...

— Et, continua l'écuyer, tout ce que je puis faire pour vous, monsieur René, c'est de vous tenir compagnie le reste de la nuit. Voulez-vous que je vous narre des histoires?

— Merci!

— Faisons-nous une partie de dés?

— Ah! dit René, qui eut une inspiration soudaine, vous êtes joueur, monsieur Fangas?

— Je suis Provençal, monsieur René.

Ce disant, l'écuyer tira de sa poche un cornet, des dés et sa bourse. L'escarcelle de maître Fangas renfermait bien une dixaine de pistoles.

— Voilà toute ma fortune, dit-il. Vous voyez, monsieur René, qu'elle est insuffisante pour acquérir la maison dont vous parlez...

Au lieu de répondre, René tira pareillement sa ourse.

Cette bourse était ronde, et l'on voyait au travers des mailles briller des beaux écus d'or tout neufs, frappés à l'effigie du roi.

— Hé! hé! dit Fangas, si j'essayais de vous gagner les pièces jaunes que j'entrevois...

— Essayez, monsieur Fangas.

— Ce serait un bel appoint sur la petite maison. Qu'en dites-vous ?

— Ce serait assez adroit de votre part, répondit René, qui murmurait *in petto :* « Si je puis le dévaliser de ses dix ou quinze pistoles... je le tiens... »

Fangas tira une pistole et la plaça sur la table.

René l'imita.

— A nous deux, donc! s'écria l'écuyer, dont le regard étincelant se fixa sur la ronde escarcelle du Florentin.

. . . .

Tandis que René songeait au moyen de corrompre l'écuyer Fangas, M. le duc de Crillon s'en allait fort tranquillement à la cour des Miracles.

Le digne gentilhomme avait mis son épée sous son bras, enfoncé son feutre sur ses yeux, et il cheminait d'un pas rapide.

Une foule de petites rues étroites, malsaines, où grouillait une population sans nom, entourait la cour des Miracles. Jamais un gentilhomme n'eût osé s'y risquer, un bourgeois moins encore.

Pour avoir accès dans la cour des Miracles, il fallait être en haillons, faire partie d'une confrérie de tire-laines quelconque, ou bien se faire accompagner par le chevalier du guet et une centaine de ses archers.

Mais Crillon ne se préoccupa ni de ce fonctionnaire ni du secours qu'il en pourrait tirer.

Le brave duc passa devant le couvent des Filles-Dieu et prit une ruelle sombre à l'entrée de laquelle il trouva un truand en sentinelle.

— Qui vive ? lui cria le truand.

La nuit était noire, mais les éperons de Crillon résonnaient sur le pavé et, à défaut de son costume, trahissaient sa qualité de gentilhomme.

— Place ! dit Crillon qui tira son épée.

Le truand se replia dans la ruelle, mais il fit entendre un coup de sifflet.

A ce signal, des ombres jusque-là immobiles, commencèrent à se mouvoir, silencieuses comme des fantômes.

— Place ! répéta Crillon.

La voix du duc était impérieuse, et les truands

étaient si peu habitués à voir un homme pénétrer chez eux tout seul, qu'ils reculèrent jusqu'à l'extrémité de la ruelle, laquelle débouchait sur la cour des Miracles.

Le brasier était parvenu à son plus haut degré d'incandescence.

Le duc s'arrêta un moment à contempler cette multitude avinée et déguenillée qui criait, vociférait, riait et dansait autour de la futaille défoncée qui servait de trône au roi de Bohême.

— Drôle de peuple! pensa-t-il.

Puis, sans se préoccuper davantage de cette foule qui commençait à l'entourer et se concertait à voix basse pour lui faire un mauvais parti, il marcha droit au cercle de lumière décrit par le brasier, répétant de temps à autre :

— Place ! place !

Un truand qui s'était un peu trop rapproché de lui reçut un vigoureux coup de plat d'épée.

Une ribaude fort jolie se plaça devant lui et le regarda curieusement, Crillon lui prit le menton et lui dit :

— Tu es une belle fille, mignonne !

— Oh ! oh ! criait la voix enrouée et cassée du roi de Bohême, quel est l'insolent qui se permet d'entrer chez moi ?

En ce moment, le cercle s'était rompu autour du tonneau, et Crillon avait passé.

Le duc mesura le truand du regard :

— Est-ce toi, dit-il, qui te nomme le roi de Bohême ?

— C'est moi. Et je te trouve audacieux, mon gentilhomme, d'oser pénétrer jusqu'ici.

— Je me nomme Crillon, répondit simplement le duc.

A cette époque on parlait en France du brave Crillon comme soixante années plus tôt on parlait de Bayard.

Sous le chaume des villages, dans les murs noircis des vieux manoirs, sous le toit de ramée du bûcheron et dans le palais des rois, on disait déjà : « Brave comme Crillon ! »

Quand le duc se fut nommé, le roi de Bohême ôta son chapeau, et tous les truands se découvrirent avec respect.

Ce que voyant, Crillon remit son épée au fourreau et dit :

— Bonsoir, mes enfants.

— Monsieur le duc, dit alors le roi de Bohême, vous êtes en sûreté ici, et si vous avez besoin de nous...

— C'est pour cela que je viens.

— Nous vous sommes dévoués corps et âme par vance, continua le roi de Bohême.

— Je viens vous demander un renseignement, dit Crillon.

On se pressa curieusement autour de lui.

— Vous avez connu un pauvre diable qui se nommait Gascarille, n'est-ce pas?

— Nous l'avons pleuré, monseigneur.

— Un brave garçon, poursuivit Crillon, qu'on a pendu au lieu et place de ce misérable René le Florentin.

La voix du duc fut, à ces mots, couverte par des applaudissements. On haïssait René à la cour des Miracles depuis la mort de Gascarille.

— Vive Crillon! crièrent les truands.

Le duc reprit :

— Gascarille avait une compagne?

— Oui, dit le roi de Bohême.

— Un beau brin de fille, poursuivit le duc, qui, tout brusque et tout franc qu'il était, n'en avait pas moins une certaine courtoisie à l'occasion. Comment se nommait-elle?

— Farinette.

— Ah! elle se nommait Farinette?

— Oui, monseigneur.

— Et... savez-vous où je la trouverais?

— Certainement.

— J'ai besoin de la voir sur-le-champ.

— Vous la trouverez rue du Grand-Hurleur, ré pondit le roi de Bohême.

Et le truand dit au duc d'Égypte :

— Allons, mon lieutenant, conduisez M. le du de Crillon chez Farinette.

— Peste ! dit Crillon en riant, la rue du Grand Hurleur ne s'est jamais trouvée à pareille fête. Ell n'a jamais vu passer deux ducs à la fois !...

Et le duc de Crillon suivit le duc d'Égypte, qui le conduisit rue du Grand-Hurleur, où d'autres événements s'accomplissaient en ce moment.

XXII

Revenons à Paola

Quand elle se sentit aux mains vigoureuses du cosse Bourdon, la jeune fille, à demi-morte de frayeur éjà, s'évanouit tout à fait.

Bourdon la chargea sur son épaule et sortit de la outique.

— Où allons-nous? demanda-t-il à Farinette.

— Rue du Grand-Hurleur.

— Chez toi? dit Courte-Haleine.

— Chez moi. Mon grenier est assez grand pour deux.

— Hum! murmura Bourdon, nous sommes plus e deux.

— Bah! fit la bohémienne avec un rire sinistre, ous verrons... Marche toujours.

Courte-Haleine et Bourdon ouvrirent la march[e] l'un brandissant une dague et prêt à frapper quico[nque] que voudrait lui barrer le passage, l'autre port[ant] sur son épaule Paola évanouie.

Farinette s'était appuyée sur le bras de son troisième complice et suivait.

A cette époque, lorsque le couvre-feu était sonné, on ne rencontrait plus dans la rue que de rares passants, des gentilshommes en bonne fortune ou des archers du guet.

On pouvait, dans de certains quartiers, faire une demi-lieue tout seul, sans voir âme qui vive, passé onze heures du soir.

Or, il était minuit, et les ravisseurs arrivèrent [à] la place du Châtelet sans avoir rencontré personne[.]

Comme ils entraient dans la rue Saint-Denis, il[s] entendirent résonner dans l'éloignement un bruit de hallebardes heurtant le pavé.

— Attention ! dit Courte-Haleine, c'est le guet.

Bourdon s'effaça dans l'ombre d'une porte avec son fardeau.

Courte-Haleine l'imita et se cacha à quelques pas de distance.

Farinette et son compagnon s'éclipsèrent chacun de son côté.

Le guet passa

Quand le guet fut passé, le cortége des truands se remit en marche.

Le drapier de la rue du Grand-Hurleur, qui logeait Farinette, vint ouvrir au premier coup frappé par elle et recula un peu étourdi à la vue des trois compagnons qu'elle lui amenait.

— Hé! papa, dit-elle, ne faites pas attention, ce sont des amis.

Le drapier était de la cour des Miracles à de certaines heures, c'est-à-dire qu'il achetait les objets volés, cachait les tire-laines poursuivis par les archers et réunissait plusieurs industries assez ingénieuses, mais que le grand prévôt poursuivait à outrance.

Paola était toujours évanouie.

Farinette la prit alors des mains de Bourdon et monta la première portant la jeune fille dans ses bras.

Courte-Haleine avait battu le briquet et allumé une chandelle.

Bourdon et Cœur-de-Loup se regardaient avec une sorte de défiance.

— Mon bel ami, lui dit le colosse tandis qu'ils gravissaient les degrés vermoulus de l'escalier, si tu veux, nous nous emparerons de la petite.

— Comment cela?

— Nous tomberons tous deux sur Courte-Haleine.

— Bon !

— Et nous l'assommerons.

— Après ?

— Après, nous attacherons Farinette et nous lui mettrons un bon bâillon dans la bouche, comprends-tu ?

— Oui.

— Et... de cette façon ?...

— De cette façon nous tirerons à la courte paille.

Cœur-de-Loup secoua la tête.

— Je ne veux pas, dit-il.

— Pourquoi ?

— Parce que, avec ton air niais, tu es un fin renard.

Bourdon eut un sourire stupide.

Cœur-de-Loup continua :

— Comme tu es plus grand et plus fort que moi, tu m'assommeras lorsque j'aurai assommé Courte-Haleine.

Le colosse se vit deviné, lâcha un gros juron et continua à monter.

Farinette était arrivée dans son grenier et Courte-Haleine posait sa chandelle sur la table.

Farinette laissa glisser Paola évanouie sur la paille qui lui servait de lit.

Puis elle se tourna vers les trois truands.

— Vous avez juré de m'obéir ? dit-elle.

— Oui, dit Cœur-de-Loup.

— Oui, répéta Courte-Haleine.

Bourdon, qui avait été sur le point de violer son serment, se mordit la langue et ne laissa entendre qu'un sourd grognement.

— Ferme la porte, Courte-Haleine, reprit Farinette.

Courte-Haleine obéit.

— Maintenant, poursuivit la bohémienne, écoutez-moi bien.

Les trois truands la regardèrent.

— Vous me semblez être en face de cette jeune fille comme trois chiens affamés en présence d'une pâtée. Malheureusement pour les chiens, ils ont un collier de fer au cou, et après ce collier une bonne chaîne qui les retient à la muraille. Pour qu'ils pussent toucher à la pâtée, il faudrait que la chaîne se brisât.

Bourdon fut pris d'un gros rire.

— La chaîne qui vous retient, poursuivit Farinette, c'est le serment que vous m'avez fait sur la corde de Gascarille.

— Tiens ! c'est vrai, murmura le colosse qui frémit intérieurement.

— Vous savez, reprit la bohémienne, qu'un tire-laine qui manquerait au serment qu'il aurait fait sur la corde d'un pendu, serait à tout jamais banni de la cour des Miracles d'abord, et qu'ensuite le diable, notre patron, le tuerait la nuit d'un coup de sa fourche dans le ventre.

Comme les trois complices de Farinette étaient parfaitement convaincus de ce qu'elle avançait, ils inclinèrent la tête.

— Or donc, poursuivit-elle, grâce à votre serment, vous allez garder la fille de René et vous la respecterez.

— Pourquoi l'enlever, alors? demanda Cœur-de-Loup.

— Parce que cela m'a été commandé.

— Par qui?

— Par un gentilhomme de grande race.

— Peuh! fit Courte-Haleine avec dédain, tu obéis donc aux gentilshommes, à présent?

— Oui.

— C'est drôle !

— Ce gentilhomme est, comme moi, l'ennemi de René.

— Ah!

— Et il m'a promis que je serais vengée, si je lui jurais d'obéir aveuglément à ses ordres. J'obéis.

Tout en parlant, Farinette frottait les tempes de Paola avec un linge imbibé de vinaigre, qu'elle lui plaça ensuite sur les narines et devant la bouche.

Paola poussa un soupir et finit par ouvrir les yeux.

Alors l'Italienne jeta autour d'elle un regard épouvanté et crut un moment qu'elle était en proie à quelque horrible rêve.

Couchée sur un monceau de paille à demi-pourrie, en un affreux réduit, elle avait en face une femme qui dardait sur elle un œil ardent, et derrière cette femme elle aperçut les hideux visages des trois tire-laines.

— O! mon Dieu! s'écria-t-elle, où suis-je donc?

— Tu es chez Farinette, répondit la bohémienne en ricanant.

— Farinette! exclama l'Italienne... Farinette!

Et elle semblait se demander auquel de ces quatre personnages qui l'entouraient pouvait s'appliquer ce nom.

— C'est moi, dit la bohémienne.

— Je ne vous connais pas! balbutia la jeune fille.

— Moi, je te connais. Tu es la fille de René le Florentin.

— Mais... pourquoi suis-je ici?...

— Parce que je t'ai enlevée, dit Farinette.

— Enlevée! mon Dieu! murmura Paola, qui commençait à se souvenir. Que vous ai-je donc fait?..

— Ton père a causé la mort de l'homme que j'aimais.

L'Italienne jeta un nouveau cri :

— Ah ! grâce ! grâce ! par pitié... murmura-t-elle; je ne suis pas coupable, moi !...

Farinette haussa les épaules.

— On se venge comme on peut ! dit-elle.

Et comme Paola, livide et tremblante, attachait sur elle un œil éperdu et suppliant, la bohémienne ajouta :

— Rassure-toi : pour aujourd'hui on ne te fera pas de mal... ton heure n'est point venue.

Puis elle dit aux truands :

— Vous pouvez vous entendre afin de la garder à tour de rôle. Vous m'en répondez...

— Nous la garderons tous trois ensemble, dit Cœur-de-Loup.

— C'est cela, ajouta Courte-Haleine.

Bourdon allait sans doute émettre pareillement son avis, lorsqu'on heurta violemment à la porte de la rue.

— Qui est là ? demanda la voix du drapier qui était demeuré au rez-de-chaussée.

— C'est moi, le duc d'Égypte, répondit-on du dehors.

Farinette avait entr'ouvert le châssis de son grenier et se penchait dans la rue.

Deux ombres noires étaient immobiles devant la porte.

— Le duc d'Égypte n'est pas seul, pensa-t-elle avec inquiétude.

Le duc d'Égypte était, après le roi de Bohême, le premier dignitaire de la cour des Miracles. On ne parlementait point avec lui, et quand il demandait qu'on lui ouvrît la porte on la lui ouvrait.

Donc, le drapier ouvrit.

— Où est Farinette ? demanda le duc d'Égypte.

— Là-haut, dit le drapier.

Courte-Haleine descendit armé de sa chandelle.

Alors, grâce à cette clarté, le drapier put voir derrière le duc d'Égypte un vrai gentilhomme, un vrai duc, messire de Crillon.

Courte-Haleine recula.

— Éclaire-nous, drôle, dit le vrai duc avec hauteur.

Crillon mit le pied sur l'escalier vermoulu, puis sur l'échelle de bois qui conduisait au grenier de Farinette, et pénétra le premier dans le taudis.

— Ah ! monsieur ! s'écria Paola, monseigneur ! à moi !... au secours !...

Crillon regarda les trois truands, puis Farinette :

— Qu'est-ce que vous comptez donc faire de cette jeune fille ? demanda-t-il avec calme.

— Elle est à moi ! dit Farinette.

— Elle est à nous ! répéta Courte-Haleine.

— Vous vous trompez, répliqua Crillon.

Et il tira son épée.

Le duc d'Égypte, qui était entré derrière lui, fronça le sourcil.

— Savez-vous, monseigneur, dit-il, que c'est mal ce que vous faites là ?

— Hein ? fit Crillon.

— Si j'avais su que c'était pour enlever à Farinette la fille de René, je ne vous eusse point conduit ici.

Ce disant, le duc promena un regard superbe autour de lui.

— Je me nomme Crillon ! dit-il.

— Et c'est pour cela, monseigneur, dit une voix derrière le duc, que vous ne ferez absolument rien de ce que vous dites.

Le duc, stupéfait, se retourna et vit un homme qui venait de monter derrière lui et se tenait sur le seuil du taudis.

C'était Malican.

— Oh ! oh ! dit le duc, qui reconnut le cabaretier, qu'est-ce que tu fais donc ici, toi ?

— Je viens m'assurer que Paola s'y trouve.

— Plaît-il ? exclama Crillon étonné.

— Et je viens de la part de quelqu'un qui est aussi grand seigneur que vous, monseigneur.

Malican s'exprimait avec respect, mais d'un ton ferme.

— Ah ! fit le duc.

Malican lui mit sous les yeux la bague du prince de Navarre.

Crillon recula stupéfait.

Alors le cabaretier se pencha à l'oreille du duc :

— Monseigneur, dit-il, Farinette est la complice du prince. Paola est un otage.

— Je comprends, à présent.

— S'il arrive malheur au prince ou à quelqu'un des siens, il arrivera malheur à Paola.

Le duc jeta un triste regard vers l'Italienne ; puis, comme s'il eût redouté de lui donner une explication sur son brusque changement de conduite, il s'élança vers la porte, et lui, Crillon le brave, il descendit l'escalier comme s'il eût fui devant une légion d'ennemis.

Tandis que le duc s'enfuyait, Malican disait à Paola :

— Ma chère demoiselle, je vous viendrai visiter tous les soirs à minuit, tant qu'il n'arrivera malheur à personne de ceux que hait René votre père ; et tant que je viendrai, tous ces gens-là vous respecteront et ne vous feront aucun mal.

Paola écoutait Malican et ne comprenait pas. Le départ du duc l'avait rejetée dans une sombre épouvante.

Puis le cabaretier murmura quelques mots à l'oreille de Farinette, dont le regard lançait de fauves éclairs.

Après quoi il s'en alla comme le duc de Crillon s'en était allé.

Alors Farinette regarda de nouveau les trois tirelaines et leur dit :

— Le soir où cet homme qui sort d'ici ne viendra pas, je romprai la chaîne qui vous retient, et la fille de René cessera d'être sous mon égide.

Paola comprit qu'elle était perdue, car elle se souvint des gants que son père avait empoisonnés le matin précédent.

XXIII

Nous avons vu Crillon sortir effaré du taudis de Farinette.

Le bon duc venait de se heurter à une de ces impossibilités de la vie comme il n'avait point l'habitude d'en rencontrer.

Il se trouvait placé entre sa parole, à laquelle il tenait très-fort, et son devoir de gentilhomme fidèle, qui l'obligeait de respecter les volontés d'un prince du sang.

Si le duc avait arraché Paola aux mains des truands, il eût déplu à Son Altesse le prince Henri de Bourbon.

Or, il avait promis à Marguerite de veiller sur le

prince, et ce n'était pas dans un autre but qu'il avait provisoirement séquestré René.

Donc, délivrer Paola eût été une chose illogique, puisque Paola, dans les mains de Henri, était un otage.

D'un autre côté, ignorant que Farinette et ses truands eussent un si noble complice, Crillon avait promis à René de lui retrouver sa fille.

Toutes ces réflexions se heurtaient, s'entre-croisaient, se contrariaient tour à tour dans l'esprit du bon gentilhomme.

Il avait gagné la rue Saint-Denis et murmurait en l'arpentant à grands pas :

— Harnibieu ! messire de Crillon, vous êtes une buse fieffée et je ne vous conseille plus de vous vanter de la perspicacité de votre esprit. René est un maître drôle, un misérable, un abominable gredin, j'en conviens ! Mais enfin, vous lui avez donné votre parole... Et, acheva le loyal Crillon, quand un gentilhomme fait un serment, fût-ce à un tire-laine, il doit tenir ce serment, ni plus ni moins que s'il l'avait fait au roi de France lui-même. Diable ! diable !!!

En monologuant ainsi, Crillon traversa la place du Châtelet, enfila le pont au Change, puis la rue de la Barillerie, puis encore le pont Saint-Michel, et gagna sa maison rue Saint-André-des-Arcs.

L'honnête Crillon, arrivé à sa porte, éprouva un moment d'hésitation. Dans cette maison, qui était à lui et dont il allait soulever le marteau de bronze, était René le Florentin.

René, que le duc méprisait comme la lumière méprise les ténèbres ; René l'empoisonneur, l'assassin, l'homme que la roue ou la potence réclamerait tôt ou tard ; René enfin, que deux heures auparavant le duc avait traité avec le dernier dédain ; mais René à qui le duc avait engagé sa parole et à qui il allait être obligé d'avouer qu'il ne pouvait la tenir.

Et le naïf soldat murmura :

— Harnibieu ! j'aimerais autant me trouver, en ce moment, moi tout seul, le heaume en tête et l'épée au poing, en face d'un carré d'Espagnols, que vis-à-vis de ce chien de parfumeur qui va penser que Crillon est d'aussi mauvaise foi que lui...

Et Crillon, qui ne tremblait jamais et se plaisait au bruit des arquebusades et de l'artillerie, Crillon, qui s'en allait au combat comme à un carrousel, Crillon eut un battement de cœur en frappant à sa porte, et il souhaita que René fût mort, en son absence, de quelque attaque d'apoplexie.

Fangas vint ouvrir.

— Ah ! mon Dieu ! dit-il, lorsqu'un rayon de sa lampe eut frappé le visage du duc.

— Hein ! fit Crillon.

— Vous êtes pâle, monseigneur.

— Moi? murmura le duc.

— Pâle, répéta Fangas, et... vous... paraissez... ému...

— Ce n'est rien, répondit brusquement le soldat, j'ai marché un peu vite... j'ai couru... même...

Fangas inclina la tête.

— Où est René ? demanda le duc.

— Là-haut, dit Fangas.

— Marche, et éclaire-moi !

Fangas gravit le vieil escalier, tenant sa lampe au-dessus de sa tête. Crillon le suivit.

Le bon duc titubait sur ses jambes comme s'il eût mis les pieds dans la vigne du Seigneur.

Fangas rouvrit la porte de la prison provisoire de René, porte qu'il avait soigneusement fermée en entendant le duc frapper à celle du dehors. Crillon entra en essuyant son front qui était inondé d'une sueur insolite. Mais, après avoir fait un pas timide en avant, l'honnête gentilhomme en fit deux en arrière, tant il fut surpris du spectacle qu'il avait sous les yeux.

René était assis devant une table placée au milieu de la chambre.

En face de René était une chaise probablement

occupée par Fangas quelques minutes auparavant.

Sur la table, il y avait trois cruches de vin, dont deux étaient vides et la troisième demi-pleine.

Entre les cruches et les gobelets, le duc aperçut un cornet et des dés.

Auprès des dés et du côté de Fangas, l'escarcelle du Florentin, placée sur celle de l'écuyer, était couverte à demi de haricots rouges dépouillés de leur enveloppe.

René avait auprès de lui une autre poignée de ces haricots. Il était plus pâle qu'un spectre et une sueur abondante coulait de son front.

En voyant entrer le duc, il jeta sur lui un regard hébété et plein d'égarement.

— Qu'est-ce que cela? fit Crillon, qui oublia un moment sa situation pleine d'embarras vis-à-vis de René

Le Florentin eut un rire stupide et ne songea point à demander au duc des nouvelles de sa fille.

— Cela? dit Fangas riant aussi, c'est toute une histoire...

— Et... cette histoire?...

Le duc s'assit sur le lit de sangle.

— Je vais vous la raconter, monseigneur.

Et Fangas reprit sa place à table et remit les dés dans le cornet qu'il agita lentement.

— Voyons ! dit Crillon, j'écoute.

— Figurez-vous, monseigneur, reprit l'écuyer, que maître René n'avait pas sommeil.

— Bon !

— Mais il avait soif.

— Ah ! ah !

— Et j'ai pensé que Votre Seigneurie ne lui refuserait pas un verre de vin.

— Tu appelles cela un verre ? dit le duc en montrant avec bonhomie les trois larges cruches... Peste !

— Il avait grand'soif...

— Et toi aussi probablement ?...

— Oh ! moi, répliqua l'écuyer avec l'aplomb d'un valet, je n'ai bu que pour lui tenir compagnie.

— Soit ! Eh bien ?

— Tout en buvant, continua Fangas, M. René, qui est riche, m'a proposé de me donner beaucoup d'argent.

— Oh ! oh ! et pourquoi faire ?

— Pour acheter une maison au bord du Rhône, du côté de Villeneuve-lez-Avignon ou du Pontet.

— Ah bah ! fit Crillon.

— Une maison avec un jardin, un verger, une basse-cour pleine de volailles, quelques journaux de vigne et deux arpents de prairie.

— Il était généreux, mons René. Et que demandait-il en échange ?

— Presque rien... le laisser aller coucher au Louvre.

Crillon se mit à rire.

— Si bien, dit-il, que tu as renoncé à la maison ?

— Non, monseigneur.

— Allons donc !

— Ne voulant point des libéralités de M. René, poursuivit Fangas, je lui ai proposé une petite partie... qu'il a acceptée.

— Et tu as gagné ?

— Vous allez voir, monseigneur, il est impossible d'avoir la déveine de ce pauvre M. René...

Le Florentin écoutait la sueur au front, et il fixait un œil hébété sur la poignée de haricots rouges.

— Voyons ! dit le duc, combien as-tu gagné ?

— Nous avons commencé par jouer un modeste écu de trois livres, puis un de six, puis une pistole... Il est beau joueur, M. René, quand il perd, il double, triple et quadruple !...

— Et ?... demanda Crillon.

— Au bout d'une heure, M. René n'avait plus un rouge liard dans son escarcelle, ou plutôt son escarcelle m'appartenait.

— Diantre ! murmura le duc, qui ne songeait pas plus à son serment que René à sa fille.

— Alors, reprit Fangas, je suis allé chercher des haricots ; j'en ai compté un cent et je les ai remis à M. René. Chaque haricot valait une pistole.

— A merveille ! et tu as gagné tout cela?

— Oh ! il y a longtemps... Après avoir valu une pistole, le haricot en a valu deux, puis quatre, puis dix... puis...

Fangas s'arrêta.

— Voyons ! fit le duc.

— Maintenant chaque haricot vaut mille livres, acheva l'écuyer.

— Harnibieu ! s'écria le duc stupéfait.

Crillon calcula, au tas de haricots que Fangas avait devant lui, que l'écuyer pouvait gagner soixante mille livres environ.

— Mais, s'écria-t-il, vous êtes un homme ruiné, mon pauvre René !

René suait à grosses gouttes. Il voulut parler, la voix expira sur ses lèvres.

— Il n'y a pas d'exemples d'une *déveine* semblable... observa froidement Fangas. Votre Seigneurie nous permet-elle de continuer ?

— Comment ! dit le duc, n'as-tu donc point encore assez pour acheter ta maison ?

— Oh ! si fait... mais...

— Mais ? fit le duc.

— J'ai changé d'avis.

— Comment cela ?

— Au lieu d'acheter ma maison, je m'en irai à Rome.

— Hein ?

— Voir le Saint-Père. Je baiserai sa mule et je lui proposerai de me vendre son château des papes d'Avignon, qu'il n'habite plus.

Crillon eut un éclat de rire homérique.

— Jouons ! balbutia enfin René, qui s'empara avidement du cornet et l'agita d'une main convulsive.

— Un instant ! dit le duc.

Une idée bizarre, mais lumineuse, venait de passer dans la tête de Crillon.

— Je prends ta partie, dit-il à Fangas.

— Ah ! monseigneur.

— Je la prends, répéta le duc.

Il tira sa bourse de sa poche et la mit sur la table.

— Cela va changer la veine !... murmura piteusement l'écuyer.

— Imbécile ! exclama le duc, il ferait beau voir que Crillon perdît là où son écuyer a gagné !

Et Crillon, prenant le cornet, dit à René :

— Je vous joue mille livres !

— Soit ! répondit le Florentin arrivé au paroxisme de la furie du jeu.

— Mille livres contre le serment que je vous ai fait.

— Plaît-il ? dit René... De quel serment parlez-vous ?

— Je vous ai fait un serment hier soir, maître René ; il me répugne de le tenir, et je n'ai pas le temps de vous dire à quoi je me suis engagé...

— Un serment ? balbutiait René, je ne... me... souviens pas !...

— Peu importe ! si je perds, je vous compte mille livres.

René agita joyeusement son cornet.

— Si je gagne, je suis donc délié de ma parole, acheva le duc.

— Ça va, murmura le Florentin d'une voix à peine intelligible.

Il agita le cornet et les dés roulèrent sur la table.

— Sept ! dit-il.

— Tudieu ! grommela Fangas, il n'a jamais eu sept.

Crillon haussa les épaules :

— Double brute ! dit-il, tu vas voir...

Il ramassa les dés, les mit dans son cornet et les jeta sur la table.

— Huit ! dit-il. J'ai gagné...

— Bravo! s'écria Fangas émerveillé...

— C'est un beau coup... un très-beau coup... murmura René, que l'ivresse acheva de dompter et qui roula de sa chaise sous la table.

Alors Crillon respira comme eût respiré ce géant qui portait le monde sur la poitrine, si on l'eût débarrassé de son fardeau...

— Harnibieu! s'écria-t-il, je vais donc dormir tranquille et passer une bonne nuit.

Fangas regarda son maître avec étonnement.

— Sais-tu bien, dit Crillon, que j'ai failli me déshonorer?... Bonsoir!

Et le duc prit un flambeau et s'en alla se coucher sans donner d'autre explication à son écuyer.

Fangas prit René à bras-le-corps et le porta sur le lit de sangle.

Le Florentin, ivre-mort, ronflait déjà comme un orgue de cathédrale.

Alors Fangas ramassa les deux bourses et les haricots et mit le tout dans sa poche.

— J'ai fait une assez bonne soirée, murmura-t-il, et, par les cornes du diable! René me payera mes haricots, ou j'en ferai un plat de légumes qui lui servira d'assaisonnement, car je le mettrai en broche comme un gigot ou un aloyau s'il ne s'exécute pas!

. . . .

Le lendemain, M. le duc de Crillon s'éveilla d'une humeur charmante, étira ses bras, sauta hors du lit, et fit sa toilette en fredonnant le refrain populaire d'alors :

>C'est le chevalier du guet
>Qui passe avec ses archers !

Puis, quand il fut vêtu, il ceignit son épée, une bonne et longue rapière qu'il appelait Marianne, en souvenir d'une jeune fille qu'il avait beaucoup aimée.

Il y avait même sur cette jeune fille et sur la rapière une assez singulière histoire.

Au temps de sa jeunesse, M. de Crillon, qui n'était alors que chevalier, s'en allait un jour dans les rues d'Avignon, le nez au vent, l'épée au côté, le toquet sur l'oreille, lorgnant les femmes, saluant les vieillards et caressant les enfants.

Sur son passage tout le monde se découvrait, car, à Avignon, un Crillon n'était primé, dans l'esprit du peuple, que par le bon Dieu lui-même.

On disait volontiers d'un bout à l'autre de la ville : « Brave comme Crillon, bon comme Crillon, généreux comme Crillon, vert-galant comme Crillon. »

Donc, le chevalier de Crillon, s'en allait le nez au vent, et lorsqu'il fut arrivé vers le milieu de la rue de la Calade, il fit rencontre d'une Arlésienne, une

Arlenque, comme on dit en langue provençale, qui était pour le moins aussi belle que la belle Maguelonne qui fut tant aimée de Pierre de Provence.

Cette *Arlenque* se nommait Marianne.

Le chevalier s'en éprit.

Marianne, qui ne le connaissait point, fit d'abord une petite moue dédaigneuse. Puis quand elle sut qu'elle avait affaire au chevalier de Crillon, elle se prit à sourire...

Et quand elle eut souri, son cœur fut pris.

Or, six mois se passèrent, et le chevalier de Crillon aimait tant et tant Marianne qu'il ne songeait à rien moins qu'à s'en aller trouver le pape et à lui demander pour elle des lettres de noblesse, afin qu'il pût l'épouser.

Heureusement le chevalier avait déjà maître Fangas pour écuyer, et maître Fangas l'aborda un soir d'un air mystérieux et lui dit :

— Mon cher maître, vous êtes volé ni plus ni moins que dans un bois.

A ces mots, le chevalier de Crillon bondit et porta la main à la garde de son épée.

XXIV

C'était un geste familier à tous les Crillon de porter la main à la coquille de leur rapière dans les moments solennels; ce qui avait même fait dire au bon peuple d'Avignon que, lorsqu'un Crillon naissait, il venait au monde l'épée au côté et la main sur la garde de cette épée.

Le chevalier, ayant ouï les paroles mystérieuses de son écuyer, le regarda et lui dit :

— Es-tu fou?

— Non monseigneur.

— Que veux-tu donc dire?

— Que Marianne trompe Votre Seigneurie.

— Par mon écusson! s'écria le chevalier, si tu as menti, je te planterai ma dague dans la gorge.

Fangas se prit à sourire.

— Voulez-vous que je vous conduise ?

— Où ?

— En un lieu où vous verrez Marianne en tête-à-tête avec son complice.

— Marchons, dit le chevalier.

Fangas conduisit le chevalier de Crillon dans le faubourg du *Corps-Saint*, et lui montra une petite maison isolée aux fenêtres de laquelle brillait une lueur discrète.

— C'est là, dit-il.

Le chevalier se rua comme un ouragan sur la maison, enfonça la porte d'un coup d'épaule et trouva Marianne aux genoux de laquelle se tenait un homme d'armes du pape.

L'homme d'armes se leva et tira son épée, le chevalier en fit autant ; le combat fut court.

— Ouf ! murmura Fangas en voyant la rapière de son maître disparaître dans le corps de l'homme d'armes, qui tomba raide mort.

Alors le chevalier se tourna vers Marianne, ivre de terreur, et lui dit :

— Ma belle, afin de me souvenir toujours d'une perfide telle que vous, je vais donner votre nom à la rapière avec laquelle j'ai tué l'homme que voilà !

Et le chevalier s'en alla aussi simplement que s'il

fût sorti heureux et aimé du réduit de la belle *Arlenque*, et, depuis lors, sa rapière porta le nom de Marianne.

Or, lorsque M. le duc de Crillon qui, pour lors, ne songeait plus guère aux choses de la galanterie, se fut habillé et eut ceint *Marianne*, il sortit de sa chambre et rencontra Fangas dans l'escalier.

— Eh bien? lui dit-il.

Fangas devina son maître :

— Le Florentin, dit-il, dort encore. Il cuve son vin.

— Tant mieux! il sera plus facile à garder...

— Oh! Votre Seigneurie peut se rassurer, dit Fangas, le drôle ne nous échappera pas.

— Je l'espère bien, acheva Crillon.

Le duc quitta sa maison de la rue Saint-André-des-Arcs et s'en alla au Louvre.

Là il commença par faire son service de colonel général des Suisses et des lansquenets, visita les postes, changea le mot d'ordre, releva les sentinelles, puis il monta chez le roi.

Charles IX déjeunait avec trois personnes, le prince Henri de Bourbon, madame Marguerite et M. de Pibrac.

— Ah! dit-il, voyant entrer Crillon, voici le duc.

— Serviteur, Sire!

— Bonjour, Crillon. Avez-vous déjeuné, duc?

— Pas encore.

— Voulez-vous déjeuner avec moi?

— Volontiers, Sire.

— Ce brave Crillon, dit Charles IX, toujours prêt à tout, à se mettre à table comme à se battre !

— Votre Majesté parle d'or, dit Crillon.

Et il prit place au couvert du roi.

Marguerite regarda le duc d'une certaine façon.

Le duc rendit son regard à la princesse Marguerite.

Mais le roi les surprit.

— Ah! ah! dit-il, je crois qu'il y a des secrets entre Margot et Crillon.

— Peut-être! fit la princesse en souriant.

— Heu! heu! murmura Crillon.

— Mais comme je suis le roi, moi, et qu'on n'a pas de secrets pour le roi... dit Charles IX.

— Votre Majesté veut tout savoir?

— Sans doute.

Crillon regarda Maguerite.

— Bah! fit la princesse, en toute cette affaire le roi est pour nous. Je vais lui tout narrer.

— Narre, ma fille, dit Charles IX.

— Figurez-vous donc, Sire, continua Marguerite, que tout le monde ayant grand'peur de René à la cour de France, excepté M. le duc de Crillon que voici...

— Comment! dit le roi, on s'occupe encore de René?

— Toujours, Sire, répliqua Henri en riant.

— Et moi, reprit Marguerite, ayant une peur atroce que René ne mette quelques nouveaux bâtons dans les roues de mon mariage, j'ai chargé M. de Crillon de confisquer René.

— Et comment cela? demanda le roi, toujours heureux d'apprendre qu'une mésaventure était advenue au favori de sa mère.

— J'ai prié le duc de l'enlever de nuit ou de jour et de l'enfermer en un lieu d'où il ne puisse sortir que le lendemain de mon mariage.

— Et le duc l'a fait?

— Mais oui, Sire, dit Crillon, qui venait d'avaler une aile de poulet tout entière.

— Contez-nous cela, Crillon.

— Voilà, Sire.

Et M. de Crillon conta ce qu'il avait fait de René et n'omit aucun détail, pas même l'histoire de sa visite à la cour des Miracles.

— Ah! diable! dit alors Henri de Bourbon, voici que vous allez sur mes brisées, duc.

— Sans intention, monseigneur.

— Et vous vouliez délivrer Paola?

— Dame!...

Alors Crillon, pour se disculper vis-à-vis du prince, acheva sa narration, et le roi rit aux éclats lorsqu'il apprit que René devait à l'écuyer Fangas quelque chose comme soixante et dix haricots rouges, lesquels représentaient une somme de soixante et dix mille livres.

— Par la sambleu ! s'écria-t-il, je vous jure bien, messeigneurs, que lorsque René sortira de chez le duc, il paiera.

— Hum ! murmura Crillon, légèrement incrédule.

— Il paiera, dit le roi, ou je le ferai pendre !

Tant de fois déjà Charles IX avait parlé de faire pendre René, que Marguerite, Pibrac et le prince échangèrent un sourire.

Quant à Crillon, il avait un furieux appétit, et il venait d'attaquer une hure de sanglier avec autant d'impétuosité que s'il eût commandé une charge de ses Suisses contre les troupes impériales.

— Mon brave duc, dit le roi tout à coup, savez-vous danser ?

— Je l'ai su, Sire.

— Cela ne s'oublie pas...

— J'ai porté le harnais pendant trente ans, Sire, et rien ne rend lourd comme l'usage de la selle et de l'éperon. Mais oserai-je demander à votre Majesté ourquoi elle me fait une semblable question ?

— C'est qu'on danse au Louvre ce soir.

— Ah ! fit Crillon.

— Et j'ouvre le bal avec madame Jeanne d'Albret, reine de Navarre, ajouta le roi.

— Et moi, dit Marguerite, qui jeta un tendre regard à Henri, je danserai avec mon futur époux.

— Ah! mon pauvre Pibrac! dit Crillon, ne pensez-vous pas que nous ferions bien, nous les vieux, de faire une partie d'hombre?...

— Je suis de votre avis, monsieur le duc.

— Oui, répéta le roi, on danse au Louvre ce soir, et j'espère bien que la reine de Navarre me fera la galanterie de mettre une des paires de gants que j'ai été assez heureux pour lui faire accepter.

. . . .

Quelques heures après, c'est-à-dire comme le couvre-feu sonnait pour les bourgeois de la bonne ville de Paris, le prince Henri de Navarre entra dans l'oratoire de sa mère, la reine Jeanne, à l'hôtel Beauséjour.

La reine, aidée de Myette et de Nancy, que lui avait envoyée la princesse Marguerite, la reine, disons-nous, procédait à sa toilette de bal...

Myette roulait en torsades ses magnifiques cheveux noirs, Nancy lui ajustait une robe qu'elle avait

cue du roi d'Espagne la veille de son départ pour
a France.

Jeanne était fort belle encore, nous l'avons dit,
t ce soir-là sa beauté semblait avoir acquis un éclat
accoutumé.

— Madame, lui dit le prince en entrant et lui bai-
ant la main, vous êtes si jeune et si belle qu'on
ous prendrait pour ma sœur.

Jeanne sourit à son fils.

— Flatteur! dit-elle.

Puis comme le prince s'asseyait, elle dit encore :

— Est-ce que vous venez du Louvre?

— Oui, madame.

— Avez-vous vu la reine Catherine?

— Je l'ai entrevue chez la princesse, qu'elle est
enue consulter je ne sais trop pourquoi. La prin-
esse, du reste, doit venir ici dans quelques minutes
our quérir Votre Majesté.

— Ah! fit Jeanne, tant mieux.

Comme elle parlait ainsi, on gratta discrètement
la porte.

Myette courut ouvrir, et fut assez étonnée de voir
entrer son oncle Malican, le cabaretier.

Malican salua respectueusement la reine, puis il
t au prince un signe mystérieux.

Henri se leva et sortit, emmenant Malican hors de l'oratoire, en disant à la reine :

— Je reviens à l'instant.

Malican avait un air mystérieux qui intrigua fort Henri.

— Hé! dit-il, que vas-tu donc m'apprendre?

— Monseigneur, répondit Malican, il faut que vous alliez vous-même rue du Grand-Hurleur.

— Chez Farinette?

— Oui.

— Pourquoi faire?

— La fille de René veut vous voir et prétend qu'elle a des révélations à vous faire qui sont de la plus haute importance.

— Tu viens donc de chez Farinette?

— Non; c'est le mendiant du porche de l'églis Saint-Eustache qui est entré dans mon cabaret, il y a cinq minutes, et m'a dit :

« — Je viens de la part de Farinette. La fille du parfumeur veut voir le prince; elle veut le voi sur-le-champ, parce qu'elle a des choses graves lui révéler. »

Henri regarda Malican.

— Et tu penses que j'y dois aller? dit-il.

— Oui, monseigneur.

— Cependant..

— Tenez, dit Malican, j'ai des pressentiments. Paola est dans les secrets de son père. Comme elle sait que le jour où il arrivera malheur à quelqu'un des vôtres, il lui arrivera malheur à elle aussi, elle préfère trahir René.

— Tu as raison; j'y vais.

Henri rentra dans l'oratoire.

— Madame, dit-il à la reine, je rejoindrai Votre Majesté au Louvre.

Et sans attendre que Jeanne d'Albret lui demandât aucune espèce d'explication, il sortit avec Malican, après avoir toutefois échangé un regard rapide avec Nancy.

Hors de l'hôtel Beauséjour, Malican dit au prince :

— Votre Altesse désire-t-elle que je l'accompagne?

— Certainement, répondit Henri, je suis incapable de trouver tout seul la rue du Grand-Hurleur

— Allons! dit Malican.

Et tous deux se mirent en route.

Le prince de Navarre et Malican le cabaretier avaient à peine disparu par la rue du Jour, que la litière de madame Marguerite apparut à l'entrée de l'hôtel qu'habitait la reine de Navarre. La jeune princesse venait, par ordre du roi, se mettre à la disposition de la reine de Navarre, à la seule fin de lui faire la conduite de l'hôtel Beauséjour au Louvre.

Lorsqu'elle entra dans l'oratoire, Marguerite trouva la reine de Navarre tout à fait habillée.

Elle lui tendit son front avec une grâce toute filiale, et la reine lui mit un baiser sur le front en lui disant :

— Bonjour, chère princesse, ma bru

— Votre servante, madame, répondit Marguerite.

— Ma mie, dit encore la reine, comment va aujourd'hui madame Catherine ?

— Fort bien, madame ; elle attend Votre Majesté dans la grande salle du Louvre.

— Vous le voyez, je suis prête ; il ne me reste plus qu'à me ganter.

Ce disant, la reine de Navarre alla ouvrir un bahut et en retira le mignon coffret acheté par le roi chez Pietro Doveri.

— Oh ! le merveilleux travail ! dit Marguerite qui s'était déjà extasiée la veille sur la finesse des incrustations et la délicatesse des sculptures. Plus j'examine ce coffret et plus je le trouve charmant.

La reine ouvrit le coffret et y prit une paire de gants, la première, celle qui était d'un jaune clair.

— Permettez-vous que je vous gante, madame? demanda Marguerite.

— Volontiers, ma bru.

Et la reine tendit sa main gauche.

Marguerite retroussa le gant avec autant d'habileté qu'aurait pu le faire Nancy, dont c'était la besogne ordinaire, et en fit glisser chaque doigt l'un après l'autre sur les doigts de Jeanne d'Albret.

Mais au moment où elle achevait de rabattre le gant tout entier sur la main, la reine fit un léger mouvement.

— Qu'avez-vous, madame? demanda Marguerite.

— Ce n'est rien, dit la reine, mais ce gant si souple m'a égratignée.

Marguerite étonnée voulut ôter le gant, mais elle se prit à sourire tout aussitôt.

— Regardez, madame, dit-elle.

Elle montrait à la reine une bague dont le chaton renfermait un gros diamant. Le chaton de cette bague qu'elle avait au doigt était légèrement éraillé.

— Voilà, dit-elle, le vrai coupable : c'est cette légère aspérité qui vous a blessée.

— Peut-être, répondit Jeanne. D'ailleurs je n'éprouve aucune douleur, et vous avez eu trop de peine à mettre mon gant pour que je le retire.

Alors se retournant vers Myette :

— Fais prévenir mes gentilshommes, ma mignonne, dit-elle.

Puis Jeanne d'Albret tendit à Marguerite cette main que recouvrait le gant empoisonné.

— Venez ma bru, dit-elle ; je veux danser, cette nuit, comme si j'avais encore mes vingt-ans.

XXV

La nuit et la journée qui venaient de s'écouler avaient été terribles pour la fille de René le Florentin.

Paola avait eu, on s'en souvient, un moment d'espoir en voyant apparaître Crillon dans le taudis de Farinette. Mais cet espoir s'était évanoui bientôt pour faire place à une morne et douloureuse stupeur.

— Ma belle demoiselle, avait dit Malican le cabaretier en s'en allant comme s'était en allé Crillon, je vous viendrai visiter chaque soir ; et tant que je viendrai il ne vous arrivera pas malheur. Le jour où je ne viendrai plus, Farinette et ces hommes feront de vous ce qu'ils voudront.

Ces paroles avaient frappé Paola de terreur.

Elle avait songé aux gants empoisonnés.

— Hé ! hé ! mes enfants, dit Farinette lorsque Malican fut parti, je crois que vous n'attendrez pas longtemps... René n'est pas homme à demeurer tranquille... Le cabaretier Malican pourrait bien ne pas revenir demain.

Les trois truands se regardèrent d'un œil féroce.

Paola tremblait et fixait un œil stupide sur ces trois hommes en haillons.

— Tu es bien heureuse, continua Farinette, car je suis une femme, moi, qui n'aimais qu'un homme au monde...

Elle eut un ricanement de tigresse.

— Et cet homme, acheva-t-elle, ton père l'a fait pendre.

— Farinette, ma mignonne, dit le vieux Courte-Haleine en prenant une voix insinuante, tu devrais engager mademoiselle à choisir un époux parmi nous trois.

Cœur-de-Loup haussa les épaules :

— Je ne veux rien préjuger, dit-il, du goût de cette belle fille, mais il me paraît peu probable qu'elle te choisisse.

— Qui sait ! fit Courte-Haleine ; j'ai bien quelques cheveux gris, mais je suis un aimable compagnon, et j'entonne d'une voix claire un joyeux refrain à l'occasion.

— Moi, je suis le plus fort, dit le colosse Bourdon, et comme je saurai la défendre, ce sera moi... qui...

— Tais-toi, brute! dit Cœur-de-Loup, je suis le plus jeune et le plus brave, moi, et si cette jeune fille est maîtresse de ses volontés...

La querelle allait continuer sans doute, mais Farinette y mit un terme :

— Taisez-vous donc, niais que vous êtes, dit-elle. L'heure de vous quereller n'est point sonnée encore... Prenez patience.

— C'est juste, dit Courte-Haleine: et si vous m'en croyez, nous descendrons chez le drapier et nous y jouerons aux osselets.

— Vous avez raison, dit Farinette, il faut me laisser dormir : sortez!

Les trois bandits sortirent, et Farinette demeura seule avec Paola.

Alors celle-ci se mit à genoux, joignit les mains devant la bohémienne, et lui dit :

— Au nom du ciel! madame, prenez pitié de moi...

Farinette répondit par un éclat de rire strident :

— Gascarille est mort, dit-elle.

— Mais je ne vous ai jamais fait de mal, moi...

— Ton père m'en a fait.

— Par pitié ! supplia l'Italienne, gardez-moi, si vous voulez, retenez-moi prisonnière, mais ne me livrez pas à ces misérables.

— Silence ! dit impérieusement Farinette ; laisse-moi dormir !

Elle alla fermer la porte du taudis, passa la clef à son cou à l'aide d'une petite corde, et se coucha sur la paille qui lui servait de lit, laissant Paola accroupie dans un coin.

Paola pleurait à chaudes larmes.

La nuit s'écoula, le jour vint ; l'Italienne, brisée de fatigue, avait fini par se laisser choir sur le grabat de Farinette, et elle s'était endormie auprès de sa cruelle ennemie.

Mais bientôt elle fut réveillée par un bruit de voix et de pas.

C'était Bourdon le colosse qui remontait de chez le drapier, suivi de Courte-Haleine et de Cœur-de-Loup.

Tous trois étaient ivres ; tous trois avaient passé la nuit à jouer. Seulement Bourdon était radieux, tandis que Courte-Haleine et Cœur-de-Loup avaient la mine consternée.

— Hé ! mes drôles, dit Farinette éveillée en sursaut comme Paola, que voulez-vous ?

— Farinette, répondit Bourdon, est-ce que tu ne penses pas qu'il est bien assez de toi et de moi pour garder la belle demoiselle ?

— Si, répondit Farinette.

— Alors, Courte-Haleine et Cœur-de-Loup peuvent aller se coucher.

— Non.

— Pourquoi? fit le colosse, riant toujours de son rire stupide.

— Parce que Cœur-de-Loup et Courte-Haleine, répondit Farinette, ont, comme toi, des prétentions sur le cœur de leur prisonnière.

— Ils n'en ont plus...

— Hein? fit la bohémienne.

— J'ai gagné, dit Bourdon.

— Qu'as-tu gagné?

— Nous avons joué à qui serait le mari de cette gente fille, et j'ai gagné! répéta le colosse qui pirouetta lestement sur le talon et envoya du bout des doigts un hideux baiser à Paola.

Courte-Haleine et Cœur-de-Loup inclinèrent tristement la tête.

— Eh bien! dit Farinette, vous avez eu tort de jouer.

— Oui, soupira Courte-Haleine.

— Hélas! murmura Cœur-de-Loup.

— Ils ont bien fait, au contraire! s'écria Bourdon avec une joie insolente.

— Non, dit Farinette d'un ton sévère, parce que vous avez joué tous trois ce qui n'était point à vous.

— C'est vrai! exclamèrent les deux perdants.

— C'est faux! s'écria Bourdon d'une voix de stentor.

— Sortez! dit Farinette qui exerçait sur eux une sorte d'autorité prestigieuse, sortez, et retournez en bas chez le drapier...

— Ah! ah! ma petite, dit alors la bohémienne lorsque ses trois acolytes eurent de nouveau quitté le taudis, ah! ah! tu le vois, les soupirants ne te manqueront pas...

— Oh! je vous en supplie, murmura Paola qui, depuis quelques minutes, croyait avoir trouvé un moyen de salut, je vous en supplie, accordez-moi une grâce...

— Hé! hé! ricana Farinette, est-ce que tu préférerais le beau Cœur-de-Loup à cet ignoble Bourdon?

— Je veux voir le prince...

— Quel prince?

— Le prince de Navarre.

— Ah! ah! tu te flattes qu'il te fera grâce, lui?

— Ce n'est pas cela...

— Qu'est-ce donc?

— Je veux lui révéler des choses terribles et prévenir un malheur épouvantable.

L'accent de conviction avec lequel Paola prononça ces mots émut fortement Farinette.

— Vrai ! dit-elle.

— Je vous en supplie, je vous le demande au nom de Dieu, de la Vierge et des saints, envoyez un messager au prince sur l'heure...

Et Paola se tenait aux genoux de Farinette, tordant ses mains avec désespoir et versant d'abondantes larmes.

Farinette ouvrit la porte de son grenier et appela :

— Hé ! Cœur-de-Loup ?

Cœur-de-Loup sortit de chez le drapier et monta les degrés de l'escalier en chancelant.

— Tu es trop ivre ! dit Farinette, envoie-moi Courte-Haleine.

Courte-Haleine vint à son tour et parut encore plus ivre à la veuve de Gascarille.

Quant au colosse Bourdon, il s'était endormi en buvant son dernier verre de vin d'Argenteuil à la santé de sa future compagne.

— Envoyez-moi le drapier, en ce cas, dit Farinette avec colère.

Le drapier monta.

C'était un petit homme sec, grisonnant, au nez

pointu, aux yeux ronds et gris. Il courait Par[is]
durant le jour en portant de vieux habits sur so[n]
bras.

Le drapier vendait son vin aux truands. Il avait b[u]
comme eux, mais il n'était pas ivre.

— Tu vas aller au porche Saint-Eustache, lui di[t]
Farinette, et tu m'enverras le duc d'Égypte.

Le drapier partit tout d'un trait et arriva en un
clin d'œil à la porte de l'église, où durant le jour, le
premier dignitaire de la cour de Bohême tendait
humblement la main.

Mais Farinette se trompait en s'imaginant que le
duc d'Égypte allait quitter son poste et accourir.

Il y avait ce jour-là grande affluence de monde [à]
Saint-Eustache, où l'on enterrait un chanoine de la
ville de Paris.

Le duc d'Égypte dit au drapier :

— Je ne puis quitter ma place avant que l'enterrement soit terminé.

Le drapier s'en retourna rue du Grand-Hurleur[,]
rendit compte de sa mission, et Paola attendit
pleine de terreur et d'anxiété, l'arrivée du duc d'[É]gypte.

Mais le noble personnage se fit attendre jusqu[à]
la brune. On avait psalmodié, chanté, pleuré à l'i[n]humation du chanoine. Toutes les confréries d[e]

pénitents était venues jeter de l'eau bénite sur le cercueil, puis, après les confréries d'hommes, celles de femmes ; après les pénitents, les bourgeois ; après les bourgeois, le simple populaire.

De telle sorte que le duc d'Égypte, si grand cas qu'il fit de Farinette, n'avait pu abandonner ses fonctions de mendiant patenté du porche Saint-Eustache.

— Mon cher duc, lui dit Farinette, il faut que tu t'en ailles chez Malican le cabaretier.

— J'irai, ma petite...

— Et que tu lui dises de chercher le prince de Navarre et de l'amener ici, coûte que coûte, acheva Farinette.

Le duc d'Égypte partit.

Une heure s'écoula ; tout d'un coup un pas régulier, quoique rapide, un pas assuré se fit entendre dans la rue.

— C'est un gentilhomme ou un soldat qui marche ainsi, dit Farinette.

Déjà la nuit était venue, et la bohémienne, en se mettant à la fenêtre, ne put rien distinguer, tant elle était obscure.

Mais les pas s'arrêtèrent à la porte et la voix de Malican se fit entendre. Paola eut un cri de joie.

— C'est le prince ! dit-elle.

C'était Henri, en effet, qui arrivait suivi de Malican.

Cœur-de-Loup et Courte-Haleine se rangèrent respectueusement sur son passage.

Bourdon dormait toujours.

Le prince escalada l'escalier de bois qui conduisait au grenier de Farinette, et ne put se défendre d'un sentiment de pitié en voyant la belle Paola accroupie sur le grabat de la bohémienne, les yeux humides de larmes.

En le voyant entrer, Paola courut à lui.

— Ah! monseigneur, dit-elle, grâce, grâce!

— Paola, répondit Henri avec gravité, vous nous avez trahis, Noë et moi, et votre sort est mérité.

— Prince! au nom du ciel!...

— Paola, continua Henri, vous êtes en sûreté ici au milieu de ces bandits, tant que les miens, dont les jours sont menacés par votre père, demeureront sains et saufs.

Paola frissonna.

— Ah! balbutia-t-elle, c'est parce que je crains mon père...

— Votre père!...

— Oui, dit-elle vivement, mon père a de nouveau quelque sinistre projet en tête.

— A son tour, Henri frissonna.

— Que voulez-vous dire? fit-il.

— Mon père veut empoisonner quelqu'un.

— Et savez-vous qui?

— Non.

— Alors... comment?...

— Hier, au matin, dit Paola, qui parlait avec une sorte de précipitation véhémente, hier au matin, il a envoyé Godolphin au Louvre.

— Ah.

— Godolphin est allé chez la reine.

— Et... la reine? demanda Henri, au front duquel perlaient déjà quelques gouttes de sueur.

— La reine a remis à Godolphin un coffret.

— Que renfermait-il?

— Des gants.

Henri tressaillit.

— Alors, poursuivit Paola, mon père a empoisonné ces gants.

— Des gants! exclama Henri, des gants dans un coffret!

Et se souvenant que le roi Charles IX avait acheté, pour la reine de Navarre, un semblable cadeau chez Pietro Doveri, il s'écria :

— Mais comment était ce coffret?

— En ébène sculpté avec des incrustations d'ivoire et des serrures d'or et d'argent.

Henri jeta un cri.

— Les gants empoisonnés était jaunes, acheva Paola.

Mais le prince n'en voulut point entendre davantage, et il s'élança fou de douleur hors du taudis.

Farinette était sur le seuil :

— Votre Altesse, dit-elle, n'a rien à m'ordonner?

— Si, répondit le prince, qui eut un accès de fureur sauvage, si !

Et, se retournant, il regarda Paola :

— Fille de René l'empoisonneur, dit-il, si j'arrive à temps pour empêcher ma mère de mourir, je te ferai grâce ; mais s'il est trop tard... oh ! alors, Farinette et les truands feront de toi ce qu'ils voudront!...

Et, s'élançant dans l'escalier, il ajouta, en s'adressant à Farinette :

— Si dans deux heures tu n'as revu Malican, Paola t'appartiendra.

. . . .

Henri se prit à courir vers le Louvre, où, sans doute, la reine de Navarre était déjà.

Il courut à perdre haleine, les cheveux hérissés, le front baigné de sueur, tandis que Malican, à qui il avait eu le temps de tout expliquer en quelques mots, volait à l'hôtel Beauséjour, pour le cas où la reine de Navarre ne l'aurait point quitté encore.

Le prince passa comme un éclair devant les corps de garde, monta le grand escalier et s'élança vers la grande salle, mais là il fut arrêté forcément par un flot de gentilshommes qui se pressaient en s'interrogeant.

En même temps il entendit des voix confuses, des chuchotements, il vit des visages consternés, et, saisi d'un horrible pressentiment, il fendit la foule et arriva jusqu'à un groupe au milieu duquel il aperçut la reine de Navarre, sa mère, évanouie, et que le roi Charles IX et la princesse Marguerite soutenaient dans leurs bras.

A quelque distance, la sombre et terrible Catherine de Médicis, se tenait immobile et muette...

Henri jeta un cri terrible.

— Il est trop tard ! dit-il, ma mère est empoisonnée.

Et, s'élançant vers elle, il lui arracha ses gants l'un après l'autre.

La main gauche de la reine de Navarre était jaspée de quelques gouttes de sang...

XXVI

La reine Jeanne était entrée, souriante et calme, un quart d'heure auparavant, dans la grande salle du Louvre. Le roi Charles IX lui donnait la main, et la reine Catherine, appuyée sur le bras de madame Marguerite, la suivait.

Tout à coup, et comme elle s'apprêtait à danser, madame Jeanne d'Albret s'était arrêtée brusquement :

— Qu'avez-vous? lui demanda Charles IX, qui sentit sa main frémir subitement dans la sienne.

— J'éprouve une sensation bizarre, répondit-elle.

Le roi la regarda avec étonnement.

La princesse et deux gentilshommes accoururent et prirent la reine de Navarre dans leurs bras,

C'était au moment où on l'asseyait sur un fauteuil, tandis qu'un page courait en toute hâte chercher Miron, le médecin du roi, c'était en ce moment, disons-nous, que le prince Henri arriva et s'écria en arrachant les gants de la reine de Navarre :

— Ma mère est empoisonnée !

Deux hommes accoururent au même instant, — Crillon et M. de Pibrac. Ces deux hommes prononcèrent un mot : RENÉ !

Quant au roi Charles IX, il regarda sa mère, la reine Catherine, et devina tout.

Alors le monarque devint d'une pâleur livide, ses yeux lancèrent un fauve éclair, il s'écria d'une voix retentissante :

— Que tout le monde sorte !

Les mots de trahison et d'empoisonnement couraient déjà de salle en salle, et les gentilshommes béarnais avaient tous porté la main à la garde de leur épée, prêts à dégaîner au premier signal.

Tandis que les gentilshommes et les dames de la cour de France sortaient, les Béarnais demeuraient et avaient formé un rempart menaçant autour de la reine.

— Sortez, messieurs, leur dit Henri.

Il fallait l'ordre de leur souverain pour qu'ils obéissent.

Crillon, Pibrac, Marguerite, madame Catherine elle-même, entouraient la reine de Navarre.

Charles IX la soutenait toujours ; Henri tenait dans sa main cette main gauche sur laquelle on voyait quelques gouttelettes de sang.

Miron arriva, prit la main, examina les petites écorchures par où le sang avait jailli.

Puis il fronça le sourcil et se tut pendant un moment.

Enfin il avisa le gant que Henri avait jeté loin de lui, il le ramassa et le retourna à moitié.

Alors, le montrant au roi :

— Tenez, Sire, dit-il, voyez-vous ces parcelles de verre adhérentes à la peau du gant ?

— Oui, dit Charles IX.

— C'est le verre qui a écorché la main. Et tenez, Sire, continua Miron, essuyant avec le mouchoir que lui tendit Marguerite la main de la reine évanouie, voyez ces taches marbrées ?

— Je les vois, dit le roi.

— C'est le poison... acheva le médecin.

Henri, à genoux devant sa mère, se tordait les mains de désespoir.

— Parle ! Miron, dit le roi, parle... dis la vérité tout entière.

Et le roi jeta un regard terrible à la reine Catherine.

La fille de Médicis soutint ce regard avec un calme parfait.

— Ce poison est violent, poursuivit Miron. Il vient d'Italie, et je ne sais en France qu'un seul homme qui puisse s'en servir.

— Et... cet homme ?

La voix du roi tremblait de fureur

— C'est René, dit lentement Miron, René le Florentin.

A ces mots, madame Catherine poussa une exclamation indignée :

— Ah ! dit-elle, en vérité, Sire, on accuse par trop René de tous les méfaits et de tous les crimes qui se commettent.

— Madame, répliqua sévèrement le roi, cette fois je saurai la vérité...

Miron continua :

— Le poison est violent, presque sans remède. Un seul contre-poison existe, et René seul le possède.

Henri bondit et se leva précipitamment :

— René ! où est René ? s'écria-t-il, oubliant que M. de Crillon l'avait séquestré.

Mais déjà le bon duc s'élançait au dehors, se précipitait vers l'escalier qu'il descendait en courant, sautait sur le cheval d'un Suisse et le poussait à fond de train vers sa maison de la rue Saint-André-des-Arcs.

Pendant ce temps, on avait transporté la reine de Navarre dans la chambre de Marguerite où on l'avait mise au lit.

— Eh bien, madame, murmura Nancy à l'oreille de la princesse, avais-je tort ?....

Marguerite regardait avec stupeur la reine de Navarre.

Jeanne d'Albret n'avait point recouvré connaissance, malgré les soins de Miron.

Sa respiration était saccadée ; elle tournait ses yeux d'une façon effrayante ; tout son visage commençait à se jasper de taches livides semblables à celles qu'on avait d'abord vues sur ses mains.

Un quart d'heure s'écoula, pendant lequel tous les fronts se baignèrent de sueur, tous les cœurs battirent, toutes les poitrines furent oppressées.

Madame Catherine elle-même semblait avoir été gagnée par la stupeur générale. Peut-être même se repentait-elle, à cette heure solennelle et terrible, du mal qu'elle avait laissé faire à René...

Le prince Henri pleurait agenouillé aux pieds du lit.

Charles IX s'approcha de sa mère et lui dit d'une voix ironique :

— Madame, c'est grand tort à vous de vouloir défendre ce misérable René.

— Mais... Sire... balbutia la reine.

— On pourrait vous croire son complice, acheva le roi.

Catherine devint livide.

Tout à coup on entendit le galop d'un cheval qui retentissait sur le pavé de la cour du Louvre.

— C'est Crillon! dit le roi.

Charles IX courut à la fenêtre, et comme la cour était illuminée, il put voir le duc qui avait placé le Florentin devant lui, sur la selle.

— A terre! disait Crillon en poussant rudement René à bas de son cheval et descendant lui-même.

— Voici René! répéta le roi qui referma la croisée.

En effet, moins de deux minutes après. Crillon apparut, poussant devant lui René, pâle et frissonnant.

Le roi marcha droit à la rencontre du Florentin.

— Misérable! dit-il, comment nommes-tu le poison dont tu t'es servi?

René avait essayé de payer d'audace; il avait nié d'abord au duc; il osa nier au roi...

— Je n'ai empoisonné personne, dit-il.

— Tu mens! s'écria une voix tonnante derrière Charles IX.

C'était Henri de Navarre, — Henri, pâle de courroux à travers ses larmes, Henri, qui prit le Florentin par le bras et le conduisit au chevet de la reine agonisante.

— René, dit-il alors, écoute bien mes paroles : Ta fille m'a dit, il y a une heure, que tu avais empoisonné ces gants...

Et le prince montra les gants, et René étouffa un cri.

Henri continua :

— Tu as empoisonné ces gants et tu les as mis dans un coffret que tu avais envoyé quérir par Godolphin tu sais où.

Madame Catherine sentit ses jambes trembler sous elle.

— René, poursuivit le prince, si tu sais un moyen de sauver ma mère, je te pardonnerai!...

Et le Florentin promenait autour de lui un regard stupide.

— René, dit encore Henri, ta fille Paola est à cette heure aux mains de Farinette et de trois bandits. Sauve ma mère et je te la rends!

— Ma fille! ma fille!!! Paola! s'écria René.

— Sauve ma mère! répéta le prince.

René prit la main de la mourante, l'examina et ses cheveux se hérissèrent.

— Trop tard !..., murmura-t-il.

Et en effet, comme si le contact de la main de son meurtrier eût dû hâter sa fin, la reine de Navarre ouvrit brusquement les yeux, se souleva à demi et retomba en poussant un dernier soupir.

— Morte ! dit Charles IX qui se redressa menaçant et terrible comme un juge suprême, morte !!!.

— Sire, Sire ! s'écria Henri, Sire, au nom de notre sang, vengeance !

Le roi prit Henri dans ses bras et lui dit :

— Tais-toi, frère, ne prononce pas le nom qui erre sur tes lèvres ; je t'engage ma foi royale que justice sera faite.

Alors se tournant vers Crillon :

— Monsieur le duc, dit-il, vous allez faire conduire René au Châtelet, et il en sortira demain pour aller en Grève.

— René, dit le prince d'une voix grave, à cette heure, ta fille est déshonorée...

Le Florentin poussa un cri sourd et s'affaissa sur lui-même comme si la foudre du ciel l'eût frappé.

Charles IX regarda alors Catherine de Médicis.

— Madame, lui dit-il tout bas, vous allez partir sur-le-champ pour Amboise et vous y attendrez

patiemment que l'heure de votre mort ait sonné...
Jamais vous ne reverrez le Louvre.

. . . .

. . . .

Henri s'était agenouillé de nouveau auprès du cadavre de sa mère, et il pleurait à chaudes larmes.

. . . .

FIN.

En vente à la **Librairie E. DENTU**, Palais-Royal.

BIBLIOTHÈQUE DU THÉATRE MODERNE

Format grand in-18 Jésus sur vélin glacé.

	fr.	c.
Adieu Panier, comédie en 1 acte, par M. Alph. De Launay.	1	»
Célimare le Bien-Aimé, comédie en 3 actes, par MM. Labiche et Delacour.	2	»
Corneille a la butte Saint-Roch, comédie en 1 acte, en vers, par Ed. Fournier.	1	»
Dans mes Meubles, vaudeville en 1 acte, par M. J. Prével.	1	»
Eh! allez donc Turlurette! revue de l'année 1862, mêlée de couplets, en 3 actes et 7 tableaux, par MM. Th. Cogniard et Clairville.	1	50
Eh! Lambert! à propos vaudeville, par MM. Clairville et J. Moineaux.	1	«
En Ballon, revue en 3 actes et 14 tableaux, par MM. Clairville et J. Dornay, in-4° avec vignette.	»	50
J'veux ma Femme, vaudeville en 1 acte, par M. J.-J. Montjoye.	1	»
Lachez Tout! revue en 3 actes et 15 tableaux, par MM. E. Blum et A. Flan, in-4° avec vignette.	0	50
L'Auteur de la Pièce, comédie-vaudeville en 1 acte, par MM. Varin et Michel Delaporte.	1	»
L'Amour qui dort, comédie en 1 acte, par M. Pagésis.	1	»
L'Avocat des Dames, comédie-vaudeville en 1 acte, par MM. Hipp, Rimbaud et Raimond Deslandes.	1	»
La Cagnotte, vaudeville en 5 actes, par Eugène Labiche et A. Delacour.	2	»

	fr.	c.
La Cornette Jaune, vaudeville en 1 acte, par MM. Carmouche et ***.	0	»
La Chanson de la Marguerite, ou Un peu, beaucoup, passionnément, vaudeville en 2 actes et quatre tableaux, par MM. A. Delacour et Henri Thiéry.	2	»
La Chercheuse d'Esprit, opéra-comique en 1 acte, par Favart, remanié par Charles Hérold, musique arrangée par M. Pilvestre.	1	»
La Commode de Victorine, commédie-vaudeville en 1 acte, par MM. Eugène Labiche et Edouard Martin.	1	»
La comtesse Mimi, comédie en 3 actes, par MM. Varin et Michel Delaporte.	2	»
La dame au Petit Chien, comédie-vaudeville en 1 acte, par MM. Labiche et Dumoutier.	1	»
La dernière Grisette, vaudeville en 1 acte, par M. Albert Wolff.	1	»
Le Doyen de Saint-Patrick, drame en 5 actes, par MM. de Wailly et Louis Ulbach.	2	»
La Fanfare de Saint-Cloud, opérette en 1 acte, par M. Siraudin, musique de M. Hervé.	1	»
La Fiancée du roi de Garbe, opéra-comique en 3 actes, par MM. Scribe et de Saint-Georges, musique de M. Auber.	1	»
La Fille bien Gardée, comédie-vaudeville en 1 acte, par MM. E. Labiche et Marc Michel, 2e édition.	1	»
La Fille de Molière, comédie en 1 acte, en vers, par M. Edouard Fournier.	1	»
La Fleur du Val-Suzon, opéra-comique en 1 acte, par M. Turpin de Sansay, musique de M. Douay.	1	»
La Femme coupable, drame en 5 actes, par M. Eugène Nus.	2	»
La Jeunesse de Mirabeau, pièce en 4 actes, par MM. Alph. Langlé et Raimond Deslandes	2	»
La Liberté des Théatres, salmigondis mêlé de chant, en 3 actes et 14 tableaux, par MM. Cogniard et Clairville.	1	50
La loge d'Opéra, comédie en 1 acte, par M. Jules Lecomte.	1	»

	fr.	c.
La malle de Lise, scène de la vie de garçon, par M. Edouard Brisebarre.	1	»
La Revue au cinquième Étage, à-propos en 3 tableaux, par MM. Clairville, Siraudin et Blum.	1	»
La servante Maitresse, opéra-comique en 2 actes, paroles de Baurans, musique de Pergolèse.	1	»
La Vieillesse de Brididi, vaudeville en 1 acte, par MM. Adolphe Choler et H. Rochefort.	1	»
Léonard, drame en 5 actes et 7 tableaux, de MM. Edouard Brisebarre et Eugène Nus.	2	»
Les Balayeuses, comédie en 1 acte mêlée de chant, par M. Marc Michel.	1	»
Les Bienfaits de Champavert, comédie-vaudeville en 1 acte, par M. Henry Rochefort.	1	»
Le Bouchon de Carafe, vaudeville en 1 acte, par MM. Dupin et Eugène Grangé.	1	»
Les Calicots, vaudeville en 3 actes, par MM. Henry Thiery et Paul Avenel.	«	50
Le dernier Couplet, comédie en 1 acte, par M. Albert Wolff.	1	»
Les Ficelles de Montempoivre, vaudeville en 3 actes, par MM. Varin et Michel Delaporte.	2	»
Les Finesses de Bouchavanes, comédie en 1 acte, mêlée de couplets, par MM. Marc Michel et Ad. Choler.	1	»
L'Homme entre deux ages, opérette en 1 acte, par M. Emile Abraham, musique de M. Henry Cartier.	1	»
L'Hotesse de Virgile, comédie en 1 acte et en vers, par Ed. Fournier, jolie impression de Perrin, de Lyon, 1 vol. grand in-18.	2	»
Les Illusions de l'Amour, comédie en 1 acte et en vers, par M. Ernest Serret.	1	»
Les Mousquetaires du Carnaval, folie-vaudeville en 3 actes, par MM. Grangé et Lamber Thiboust.	1	50
Les Mémoires d'une Femme de Chambre, vaudeville en 2 actes, par MM. Clairville, Siraudin et Ernest Blum.	1	»

	fr.	c.
LES 37 SOUS DE M. MAUTAUDOUIN, comédie-vaudeville en 1 acte, par MM. Labiche et Ed. Martin	1	»
LE MARIAGE DE VADÉ, comédie en 3 actes et en vers, précédé d'un prologue, par MM. Amédée Rolland et Jean Du Boys.	2	»
LE MINOTAURE, vaudeville en 1 acte, par MM. Clairville et A. de Jallais.	1	»
LES MÉDECINS, pièce en 5 actes, par MM. Edouard Brisebarre et Eugène Nus	2	»
L'OUVRIÈRE DE LONDRES, drame en 5 actes, par M. Hyppolyte Hostein	2	»
LE PARADIS TROUVÉ, comédie en 1 acte, en vers, par M. Edouard Fournier	1	»
LES PANTINS ÉTERNELS, pièce en 5 actes et 6 tableaux, par MM. Clairville et Jules Dornay	1	50
LE PIFFERARO, comédie-vaudeville, par MM. Siraudin, Alfred Duru et Henri Chivot.	1	»
LE PILOTIN DU GRAND TROIS-PONTS, opéra-comique en 1 acte, paroles de M. Charles Étienne, musique de M. Auguste l'Éveillé.	1	»
LES PROJETS DE MA TANTE, comédie en 1 acte et en prose, par M. Henry Nicolle	1	»
LES PETITS OISEAUX, comédie en 3 actes, par MM. Eugène Labiche et Delacour, joli vol. grand in-18.	2	»
LE PREMIER PAS, comédie en 1 acte, par MM. Labiche et Delacour.	1	»
LES PLUMES DU PAON, comédie en 4 actes, par M. Louis Leroy.	2	»
LE PROPRIÉTAIRE A LA PORTE, vaudeville en 1 acte, par M. Siraudin	1	»
LES PLANTES PARASITES OU LA VIE EN FAMILLE, comédie en 4 actes, par M. Arthur de Beauplan	2	»
LES RELAIS, comédie en 4 actes et en prose, par M. Louis Leroy.	2	»
LES SECRETS DU GRAND ALBERT, comédie en 2 actes, mêlée de couplets, par MM. Eugène Grangé et H. Rochefort.	1	»
LES SCRUPULES DE JOLIVET, vaudeville en 1 acte, par M. Raimond Deslandes.	1	»

	fr. c.
LES VOISINS VACOSSARD, comédie-vaudeville en 1 acte, par M. Marc Michel.	1 »
LE VRAI COURAGE, comédie en 2 actes, par MM. Adolphe Belot et Raoul Bravard.	1 »
LE ZOUAVE DE LA GARDE, drame en 5 actes et 7 tableaux, par MM. E. Moreau et J. Dornay, in-4° avec vignette.	0 50
MACBETH (de Shakspeare), drame en 5 actes, en vers, par M. Jules Lacroix, 2ᵉ édition.	2 »
MISANTHROPIE ET REPENTIR, drame par Kotzebue, traduction nouvelle, en 4 actes, en prose, par M. Alphonse Pagès.	1 50
MON-JOIE FAIT PEUR, parodie de famille en 1 acte, par MM. Siraudin et Ernest Blum.	1 »
MOI, comédie en 3 actes, par MM. Eug. Labiche et Éd. Martin.	2 »
MONSIEUR DE LA RACLÉE, scènes de la vie bourgeoise, par MM. Edouard Brisebarre et Eugène Nus.	1 »
NOS ALLIÉES, comédie en 3 actes, par M. Pol Moreau.	2 »
NOS PETITES FAIBLESSES, vaudeville en 2 actes, par MM. Clairville, Henri Rochefort et Octave Gastineau.	1 »
PATAUD, vaudeville en 1 acte, par M. Paulin Deslandes.	1 »
PERMETTEZ, MADAME! comédie en 1 acte, par MM. E. Labiche et Delacour.	1 »
SOUS LES TOITS, vaudeville en 1 acte, par M. Jules Prével.	1 »
TROIS CHAPEAUX DE FEMME, comédie-vaudeville en 1 acte, par MM. Lafargue et Siraudin.	1 »
TROIS HOMMES A JUPONS OU L'AMOUR ET LA TEINTURE, vaudeville en 1 acte, par M. Carmouche.	1 »
UN AVOCAT DU BEAU SEXE, comédie-vaudeville en 1 acte, par MM. Siraudin et Choler.	1 »
UN BAL D'ALSACIENNES, mascerade en 1 acte, par MM. Siraudin et Ernest Blum.	1 »
UNE FEMME QUI BAT SON GENDRE, comédie-vaudeville en 1 acte, par MM. Varin et Michel Delaporte.	1 »
UN HOMME DE RIEN, comédie en 4 actes, par M. Aylic Langlé.	2 »
UN HOMME DU SUD, à-propos burlesque, mêlé de couplets, par MM. Henry Rochefort et Albert Wolff.	1 »

	fr. c.
UN MONSIEUR QUI A PERDU SON MOT, comédie-vaudeville en 1 acte, par M. Jules Renard.	1 »
UNE NICHE DE L'AMOUR, comédie-vaudeville en 1 acte par M. Victor Koning.	1 »
UNE SEMAINE A LONDRES, voyage d'agrément et de luxe, folie vaudeville en 3 actes et onze tableaux, par MM. Clairville et Jules Cordier.	1 50
UN TÉNOR POUR TOUT FAIRE ! opérette en 1 acte, par MM. Warin et Michel Delaporte, musique de M. Victor Robillard.	1 »
ZÉMIRE ET AZOR, opéra-comique en 4 actes, par M. Marmontel, musique de Grétry.	1 »

Coulommiers. — Imprimerie de A. MOUSSIN.

www.ingramcontent.com/pod-product-compliance
Lightning Source LLC
Chambersburg PA
CBHW050307170426
43202CB00011B/1814